乡村振兴人才培养系列教材
图说现代农业高质量发展关键技术

图说温室草莓栽培关键技术

于立杰 张振东 于强波

策划编辑：林孝栋 康昊婷
责任编辑：康昊婷
封面设计：郑 川　李上工作室

图说
温室草莓 栽培关键技术
TUSHUO WENSHI CAOMEI
ZAIPEI GUANJIAN JISHU

一线专家权威指导
图文并茂高清视频
关键技术融合实战
瓜果梨桃祝君成功

中国式现代化研究丛书
张东刚　刘伟　总主编

新征程中的
创新驱动发展战略

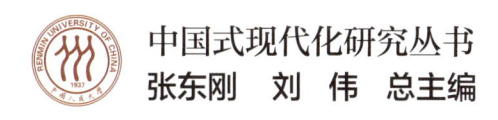

杨其静　刘小鲁　著

中国人民大学出版社
·北京·

图书在版编目（CIP）数据

新征程中的创新驱动发展战略 / 杨其静，刘小鲁著.
北京：中国人民大学出版社，2025.1. --（中国式现代化研究丛书 / 张东刚，刘伟总主编）. -- ISBN 978-7-300-33326-7

Ⅰ.F204；G322.0
中国国家版本馆 CIP 数据核字第 2024VS0887 号

国家出版基金项目
中国式现代化研究丛书
张东刚　刘　伟　总主编

新征程中的创新驱动发展战略
杨其静　刘小鲁　著
Xin Zhengcheng zhong de Chuangxin Qudong Fazhan Zhanlüe

出版发行	中国人民大学出版社				
社　　址	北京中关村大街 31 号		邮政编码	100080	
电　　话	010-62511242（总编室）		010-62511770（质管部）		
	010-82501766（邮购部）		010-62514148（门市部）		
	010-62515195（发行公司）		010-62515275（盗版举报）		
网　　址	http://www.crup.com.cn				
经　　销	新华书店				
印　　刷	涿州市星河印刷有限公司				
开　　本	720 mm×1000 mm　1/16		版　次	2025 年 1 月第 1 版	
印　　张	14.25 插页 3		印　次	2025 年 1 月第 1 次印刷	
字　　数	163 000		定　价	85.00 元	

版权所有　侵权必究　印装差错　负责调换

中国式现代化：
强国建设、民族复兴的必由之路

　　历史总是在时代浪潮的涌动中不断前行。只有与历史同步伐、与时代共命运，敢于承担历史责任、勇于承担历史使命，才能赢得光明的未来。2022年10月，习近平总书记在党的二十大报告中庄严宣示："从现在起，中国共产党的中心任务就是团结带领全国各族人民全面建成社会主义现代化强国、实现第二个百年奋斗目标，以中国式现代化全面推进中华民族伟大复兴。"2023年2月，习近平总书记在学习贯彻党的二十大精神研讨班开班式上发表重要讲话进一步强调："概括提出并深入阐述中国式现代化理论，是党的二十大的一个重大理论创新，是科学社会主义的最新重大成果。中国式现代化是我们党领导全国各族人民在长期探索和实践中历经千辛万苦、付出巨大代价取得的重大成果，我们必须倍加珍惜、始终坚持、不断拓展和深化。"习近平总书记围绕以中国式现代化推进中华民族伟大复兴发表的一系列重要讲话，深刻阐述了中国式现代化的一系列重大理论和实践问题，是对中国式现代化理论的极大丰富和发展，具有很强的政治性、理论性、针对性、指导性，对于我们正确理解中国式现代化，全面学习、全面把握、全面落实党的二十大精神，具有十分重要的意义。

现代化是人类社会发展到一定历史阶段的必然产物，是社会基本矛盾运动的必然结果，是人类文明发展进步的显著标志，也是世界各国人民的共同追求。实现现代化是鸦片战争以来中国人民孜孜以求的目标，也是中国社会发展的客观要求。从1840年到1921年的80余年间，无数仁人志士曾为此进行过艰苦卓绝的探索，甚至付出了血的代价，但均未成功。直到中国共产党成立后，中国的现代化才有了先进的领导力量，才找到了正确的前进方向。百余年来，中国共产党团结带领人民进行的一切奋斗都是围绕着实现中华民族伟大复兴这一主题展开的，中国式现代化是党团结带领全国人民实现中华民族伟大复兴的实践形态和基本路径。中国共产党百年奋斗的历史，与实现中华民族伟大复兴的奋斗史是内在统一的，内蕴着中国式现代化的历史逻辑、理论逻辑和实践逻辑。

一个时代有一个时代的主题，一代人有一代人的使命。马克思深刻指出："人们自己创造自己的历史，但是他们并不是随心所欲地创造，并不是在他们自己选定的条件下创造，而是在直接碰到的、既定的、从过去承继下来的条件下创造。"中国式现代化是中国共产党团结带领中国人民一代接着一代长期接续奋斗的结果。在新民主主义革命时期，党团结带领人民浴血奋战、百折不挠，经过北伐战争、土地革命战争、抗日战争、解放战争，推翻帝国主义、封建主义、官僚资本主义三座大山，建立了人民当家作主的新型政治制度，实现了民族独立、人民解放，提出了推进中国式现代化的一系列创造性设想，为实现现代化创造了根本社会条件。在社会主义革命和建设时期，党团结带领人民自力更生、发愤图强，进行社会主义革命，推进社会主义建设，确立社会主义基本制度，完成了中华民族有史以来最广泛而深刻的社会变革，提出并积极推进"四个现代化"的战略目标，建立起独立的比较完整的工业体系和国民经济体系，在实现什么样的现代化、怎样实现现代化的重大问题上作出了宝贵探索，积累了宝贵经验，为现代化建设奠定了根本政治前提和宝贵经验、理论准备、物质基础。在改革开放和社会主义建设新时期，党团结带领人民解放思想、锐意进取，实现了新中国成立以来党的历史上具有深远意义的伟大转折，确立党在社会主义初级阶段的基本路线，坚定不移推进改革开放，开创、坚持、捍卫、发展中国特色社会主义，在深刻总结我国社会主义现代化建设正反两方面经验基础上提出了"中国式现代化"的命题，提出了"建设富强、民主、文明的社会主义现代化国家"的目标，制定了到21世纪中叶分三步走、基本实现社会主义现代化的发展战略，让中国大踏步赶上时代，为中国式现代化提供了充满新的活力的体制保证和快速发展的物质条件。进入中国特色社会主义新时代，以习近平同志为核心的党中央团结带领人民自信自强、守正创新，成功推进和拓展了中国式现代化。我们党在认识上不断深化，创立了习近平新时代中国特色社会主义思想，实现了马克思主义中国化时代化新的飞跃，为中国式现代化提供了根本遵循。明确指出中国式现代化是人口规模巨大的现代化、是全体人民共同富裕的现代化、是物质文明和精神文明相协调的现代化、是人与自然和谐共生的现代化、是走和平发展道路的现代化，揭示了中国式现代化的中国特色和科学内涵。在实践基础上形成的中国式现代化，其本质要求是，坚持中国共产党领导，坚持中国特色社会主义，实现高质量发展，发展全过程人民民主，丰富人民精神世界，实现全体人民共同富裕，促进人与自然和谐共生，推动构建人类命运共同体，创造人类文明新形态。习近平总书记强调，在前进道路上，坚持和加强党的全面领导，坚持中国特色社会主义道路，坚持以人民为中心的发展思想，坚持深化改革开放，坚持发扬斗争精神，是全面建设社会主义现代化国家必须牢牢把握的重大原则。中国式现代化理论体系的初步构建，使中国式现代化理论与实践更加清晰、更加科学、更加可感可行。我们党在战略上不断完善，深入实施科教兴国战略、人才强国战略、乡村振兴战略等一系列重大战略，为中国式现代化提供坚实战略支撑。我们党在实践上不断丰富，推进一系列变革性实践、实现一系列突破性进展、取得一系列标志性成果，推动党和国家事业取得历史性成就、发生历史性变革，特别是消除了绝对贫困问题，全面建成小康社会，为中国式现代化提供了更为完善的制度保证、更为坚实的物质基础、更为主动的精神力量。

思想是行动的先导，理论是实践的指南。毛泽东同志深刻指出："自从中国人学会了马克思列宁主义以后，中国人在精神上就由被动转入主动。"中国共产党是为中国人民谋幸福、为中华民族谋复兴的使命型政党，也是由科学社会主义理论武装起来的学习型政党。中国共产党的百年奋斗史，也是马克思主义中国化时代化的历史。正如习近平总书记所指出的："中国共产党为什么能，中国特色社会主义为什么好，归根到底是马克思主义行，是中国化时代化的马克思主义行。"一百多年来，党团结带领人民在中国式现代化道路上推进中华民族伟大复兴，始终以马克思主义为指导，不断实现马克思主义基本原理同中国具体实际和中华优秀传统文化相结合，不断将马克思关于现代社会转型的伟大构想在中国具体化，不断彰显马克思主义现代性思想的时代精神和中华民族的文化性格。可以说，中国式现代化是科学社会主义先进本质与中华优秀传统文化的辩证统一，是根植于中国大地、反映中国人民意愿、适应中国和时代发展进步要求的现代化。中国式现代化理论是中国共产党团结带领人民在百年奋斗历程中的思想理论结晶，揭示了对时代发展规律的真理性认识，涵盖全面建设社会主义现代化强国的指导思想、目标任务、重大原则、领导力量、依靠力量、制度保障、发展道路、发展动力、发展战略、发展步骤、发展方式、发展路径、发展环境、发展机遇以及方法论原则等十分丰富的内容，其中习近平总书记关于中国式现代化的重要论述全面系统地回答了中国式现代化的指导思想、目标任务、基本特征、本质要求、重大原则、发展方向等一系列重大问题，是新时代推进中国式现代化的理论指导和行动指南。

大道之行，壮阔无垠。一百多年来，党团结带领人民百折不挠，砥砺前行，以中国式现代化全面推进中华民族伟大复兴，用几十年时间走过了西方发达国家几百年走过的现代化历程，在经济实力、国防实力、综合国力和国际竞争力等方面均取得巨大成就，国内生产总值稳居世界第二，中华民族伟大复兴展现出灿烂的前景。习近平总书记在庆祝中国共产党成立100周年大会上的讲话中指出："我们坚持和发展中国特色社会主义，推动物质文明、政治文明、精神文明、社会文明、生态文明协调发展，创造了中国式现代化新道路，创造了人类文明新形态。"我们党科学擘画了中国式现代化的蓝图，指明了中国式现代化的性质和方向。党团结带领人民开创和拓展中国式现代化的百年奋斗史，就是全面推进中华民族伟大复兴的历史，也是创造人类文明新形态的历史。伴随着中国人民迎来从站起来、富起来再到强起来的伟大飞跃，我们党推动社会主义物质文明、政治文明、精神文明、社会文明、生态文明协调发展，努力实现中华文明的现代重塑，为实现全体人民共同富裕奠定了坚实的物质基础。中国式现代化是马克思主义中国化时代化的实践场域，深深植根于不断实现创造性转化和创新性发展的中华优秀传统文化，蕴含着独特的世界观、价值观、历史观、文明观、民主观、生态观等，在文明交流互鉴中不断实现综合创新，代表着人类文明进步的发展方向。

从国家蒙辱到国家富强、从人民蒙难到人民安康、从文明蒙尘到文明复兴，体现了近代以来中华民族历经苦难、走向复兴的历史进程，反映了中国社会和人类社会、中华文明和人类文明发展的内在关联和实践逻辑。中国共产党在不同历史时期推进中国式现代化的实践史，激活了中华文明的内生动力，重塑了中华文明的历史主体性，以面向现代化、面向世界、面向未来的思路建设民族的、科学的、大众的社会主义文化，以开阔的世界眼光促进先进文化向文明的实践转化，勾勒了中国共产党百余年来持续塑造人类文明新形态的历史画卷。人类文明新形态是党团结带领人民独立自主地持续探索具有自身特色的革命、建设和改革发展道路的必然结果，是马克思主义现代性思想和世界历史理论同中国具体实际和中华优秀传统文化相结合的产物，是中国共产党百余年来持续推动中国现代化建设实践的结晶。习近平总书记指出："一个国家走向现代化，既要遵循现代化一般规律，更要符合本国实际，具有本国特色。中国式现代化既有各国现代化的共同特征，更有基于自己国情的鲜明特色。"世界上没有放之四海而皆准的现代化标准，我们党领导人民用几十年时间走完了西方发达国家几百年走过的工业化进程，在实践创造中进行文化创造，在世界文明之林中展现了彰显中华文化底蕴的一种文明新形态。这种文明新形态既不同于崇尚资本至上、见物不见人的资本主义文明形态，也不同于苏联东欧传统社会主义的文明模式，是中国共产党对人类文明发展作出的原创性贡献，体现了现代化的中国特色和世界历史发展的统一。

中国式现代化是一项开创性的系统工程，展现了顶层设计与实践探索、战略与策略、守正与创新、效率与公平、活力与秩序、自立自强与对外开放等一系列重大关系。深刻把握这一系列重大关系，要站在真理和道义的制高点上，回答"中华文明向何处去、人类文明向何处去"的重大问题，回答中国之问、世界之问、人民之问、时代之问，不断深化正确理解和大力推进中国式现代化的学理阐释，建构中国自主的知识体系，不断塑造发展新动能新优势，在理论与实践的良性互动中不断推进人类文明新形态和中国式现代化的实践创造。

胸怀千秋伟业，百年只是序章。习近平总书记强调："一个国家、一个民族要振兴，就必须在历史前进的逻辑中前进、在时代发展的潮流中发展。"道路决定命运，旗帜决定方向。今天，我们比历史上任何时期都更接近中华民族伟大复兴的目标，比历史上任何时期都更有信心、有能力实现这个宏伟目标。然而，我们必须清醒地看到，推进中国式现代化，是一项前无古人的开创性事业，必然会遇到各种可以预料和难以预料的风险挑战、艰难险阻甚至惊涛骇浪。因而，坚持运用中国化时代化马克思主义的思想方法和工作方法，坚持目标导向和问题导向相结合，理顺社会主义现代化发展的历史逻辑、理论逻辑、实践逻辑之间的内在关系，全方位、多角度解读中国式现代化从哪来、怎么走、何处去的问题，具有深远的理论价值和重大的现实意义。

作为中国共产党亲手创办的第一所新型正规大学，始终与党同呼吸、共命运，服务党和国家重大战略需要和决策是中国人民大学义不容辞的责任与义务。基于在人文社会科学领域"独树一帜"的学科优势，我们凝聚了一批高水平哲学社会科学研究团队，以习近平新时代中国特色社会主义思想为指导，以中国式现代化的理论与实践为研究对象，组织策划了这套"中国式现代化研究丛书"。"丛书"旨在通过客观深入的解剖，为构建完善中国式现代化体系添砖加瓦，推动更高起点、更高水平、更高层次的改革开放和现代化体系建设，服务于释放更大规模、更加持久、更为广泛的制度红利，激活经济、社会、政治等各个方面良性发展的内生动力，在高质量发展的基础上，促进全面建成社会主义现代化强国和中华民族伟大复兴目标的实现。"丛书"既从宏观上展现了中国式现代化的历史逻辑、理论逻辑和实践逻辑，也从微观上解析了中国社会发展各领域的现代化问题；既深入研究关系中国式现代化和民族复兴的重大问题，又积极探索关系人类前途命运的重大问题；既继承弘扬改革开放和现代化进程中的基本经验，又准确判断中国式现代化的未来发展趋势；既对具有中国特色的国家治理体系和治理能力现代化进行深入总结，又对中国式现代化的未来方向和实现路径提出可行建议。

展望前路，我们要牢牢把握新时代新征程的使命任务，坚持和加强党的全面领导，坚持中国特色社会主义道路，坚持以人民为中心的发展思想，坚持深化改革开放，坚持发扬斗争精神，自信自强、守正创新，踔厉奋发、勇毅前行，在走出一条建设中国特色、世界一流大学的新路上，秉持回答中国之问、彰显中国之理的学术使命，培养堪当民族复兴重任的时代新人，以伟大的历史主动精神为全面建成社会主义现代化强国、实现中华民族伟大复兴作出新的更大贡献！

目 录

1 ▶ **第一章**
以创新驱动转变发展模式

  第一节 中国的传统发展模式…4

  第二节 以创新驱动经济增长的必要性…11

23 ▶ **第二章**
以关键技术领域的突破提升创新水平

  第一节 中国技术创新的总体水平和国际比较…25

  第二节 关键技术领域…39

57 ▶ **第三章**
以新型举国体制强化国家战略科技力量

  第一节 传统举国体制的问题和弊端…60

  第二节 新型举国体制的特点与需要解决的关键问题…70

  第三节 强化国家战略科技力量…79

107 第四章
以创新体系建设支撑企业创新能力

第一节 创新激励政策… 109

第二节 创新服务体系… 132

第三节 创新人才体系… 148

161 第五章
以制度建设完善创新环境

第一节 营商环境与创新和产业升级… 163

第二节 知识产权战略… 175

第三节 "双循环"新发展格局与科技开放合作… 186

198 参考文献

218 后记

第一章
以创新驱动转变发展模式

中国从1978年开始推行市场化导向的改革开放政策，在党中央的坚强领导下，中国利用独特的制度优势和人口优势，率先通过发展劳动密集型制造业并积极引进外资而嵌入全球价值链，创造了令世人瞩目的经济发展成就，完成了脱贫攻坚、全面建成小康社会的历史任务，实现了第一个百年奋斗目标。然而，中国传统的经济发展模式也存在其内在的局限性，无法保证经济社会的持续健康发展。

与此同时，国内国际环境发生了深刻而复杂的变化。在国内，随着经济社会发展，不仅土地、自然资源和环境都变得越来越稀缺，而且用工成本不断上升，同时还面临着人口快速老年化的巨大压力。在国际上，贸易冲突、单边主义及逆全球化的浪潮更是让国际政治经济环境的动荡进一步加剧。这不仅表明依靠出口拉动的经济发展模式难以持续，而且还充分暴露了中国经济缺乏自主创新和产业链关键环节被"卡脖子"的软肋。

面临百年未有之大变局，以习近平同志为核心的党中央审时度势，为中国的长远发展谋划新篇章。在党的十九大报告中，习近平总书记指出："我国经济已由高速增长阶段转向高质量发展阶段，正处在转变发展方式、优化经济结构、转换增长动力的攻关期"。在党的二十大报告中，习近平总书记进一步指出，我们要"以中国式现代化全面推进中华民族伟大复兴"，而"高质量发展是全面建设社会主义现代化国家的首要任务"。因此，继续深化发展方式的转变，推动高质量发展，是对我国经济现实的科学判断，也是构建社会主义和谐社会的前提和保障。

第一节
中国的传统发展模式

一、入世后中国在全球价值链中的地位

自 20 世纪 70 年代末以来,中国进行市场化开放,构建外向型经济模式。90 年代,我国沿海地区充分利用国际市场供需失衡与我国劳动力丰富的比较优势,通过发展劳动密集型制造业嵌入全球价值链。2001 年入世后,由于出口壁垒减弱,我国出口快速增长,对外加工贸易迎来了高速发展期,"中国制造"享誉全球。在此期间,中间品贸易占对外贸易的比重也随之增加[①]。联合国商品贸易统计数据库(UN Comtrade Database)显示,1998—2019 年,中国中间产品出口占总出口的比重从 36.5% 提升到 45%,上升了近 10 个百分点;中国出口的中间产品占全球中间产品出口的份额也大幅上升,从 1998 年的 2.38% 上升到 2019 年的 11.78%。中国通过出口导向战略使本国的工业生产直接面向世界市场,并通过持续引进外资扩大生产规模(见图 1-1)。尤其是在 2001—2010 年间我国实际利用

---

① 江小涓,孟丽君. 内循环为主、外循环赋能与更高水平双循环:国际经验与中国实践 [J]. 管理世界,2021, 37 (1): 1-19.

外资额呈现快速增长态势。由此,我国获得了巨大的规模经济和技术外溢效应,助推我国经济快速增长。

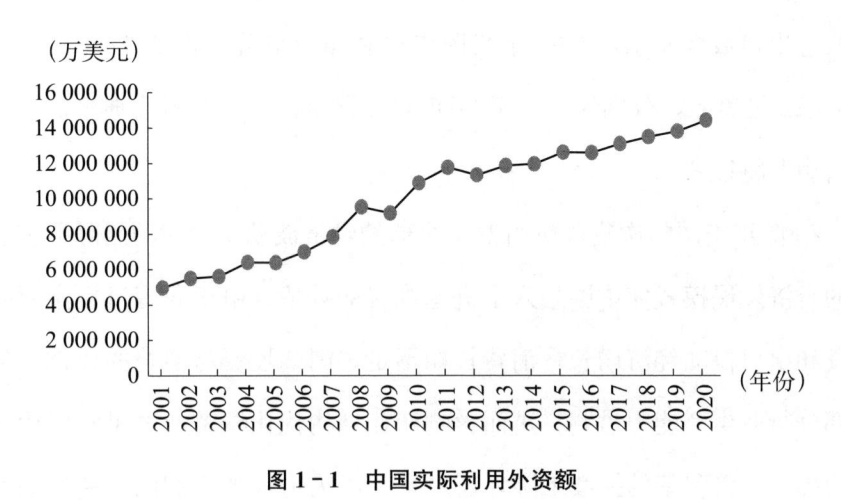

图 1-1　中国实际利用外资额

资料来源:国家统计局。

然而,此时中国的经济发展模式也呈现出粗放型增长的特点,即:主要依靠扩大投资规模与劳动力投入和增加能源、原材料等物质资本消耗助推经济快速增长,技术进步或全要素生产率(total factor productivity,TFP)增长对经济增长的贡献比较低[1],以至于国民经济的发展呈现出高投入、低效益、高增长、高污染的典型粗放式增长特征[2]。随着经济发展的不断深入,经济增长与资源、环境的矛盾越来越尖锐,难以满足经济可持续发展的要求[3]。

与此同时,嵌入全球价值链的企业以较低成本获得高质量和高技术的进口中间投入,导致企业丧失了自主研发创新的动力。这就使得中国的经

---

[1] 蒲晓晔,赵守国. 我国经济发展方式转变的动力结构分析 [J]. 经济问题,2010 (4):39-45.
[2] 贾根良,李黎力. "转变经济发展方式"研究的最新进展述评 [J]. 山东经济,2011,27 (2):15-21.
[3] 张泰. 对转变经济发展方式的若干思考 [J]. 经济研究参考,2008 (20):2-6,43.

济增长呈现出口导向和投资拉动的特点,并形成对国外跨国公司主导的价值链的过度依赖,进而陷入"低端锁定"的困境[1]。比如,国家统计局发布的进出口数据显示,2007年我国出口和净出口分别高达12 180亿美元和2 622亿美元,分别约相当于GDP的34%和8%,呈现出典型的"出口导向型"特征[2]。

2007年美国的次贷危机引发了全球的经济波动,严峻的国际形势与传统的经济发展模式使中国陷入了进退维谷的处境。由于我国过去主要是靠投资和出口拉动经济增长,消费长期不足,因此投资与消费的比例失衡导致部分行业生产能力过剩,进而影响产业结构优化调整及居民整体生活质量的提升。消费率的持续下降,还对扩大内需造成严重制约,使经济增长对出口的依赖程度不断提高[3]。

在全球价值链中,外资企业通常主导着全球价值链中附加值较高的生产环节,而中国企业只能依附于跨国公司,以低端要素投入从事加工、制造等低附加值的生产活动,例如纺织、服装、皮革、玩具、五金、汽配产品、塑料制品、化学原料等,在全球价值链中处于中低端位置。同时,由于模块化生产,农业与服务业也出现了类似的垂直分工。在企业成本不断提高或新竞争者不断进入的情境下,这种原材料和市场两头在外的发展模式可能会引发严重的产业衰退,并使中国企业呈现出对国际分工的依附性。比如,在经典的苹果手机案例中,虽然中国企业承接

---

[1] 吕越,陈帅,盛斌.嵌入全球价值链会导致中国制造的"低端锁定"吗?[J].管理世界,2018, 34(8):11-29.
[2] 王小鲁,樊纲,刘鹏.中国经济增长方式转换和增长可持续性[J].经济研究,2009, 44(1):4-16.
[3] 申广斯.我国转变经济发展方式的制约因素与对策[J].统计与决策,2009(22):106-108.

了大量的苹果公司的加工组装环节，但实际获得的增加值收益仅占产品总价值的 2.3%[①]。

总之，这种市场、原料"两头在外、大进大出"的对外经济发展战略，不仅使我国在国际分工中处于产业中低端的依附地位，还使我国遭受到美元霸权的掠夺，粗放的出口导向型经济使得资金、劳动力与资源被虹吸到沿海企业的出口导向型部门，造成畸形的外向与内需相分割的"二元经济"，成为内需长期无法启动、民族企业的投资机会被外资挤占的主要原因[②]。

二、GDP 政绩目标下的地方发展模式

"依绩效提拔"的干部选拔任用机制是解释中央与地方关系，乃至地方政府行为与治理绩效的重要理论。1978 年以后中国的干部选拔任用开始具备功绩制特征，明确提出在国家公务人员制度中实行功绩制原则，在选拔、任用公务人员方面，强调公开考试、择优录用和晋升唯功的原则，注重公务人员的实绩、贡献与才能。依绩效提拔的干部选拔任用机制不仅保证了科层组织的整体性，而且是中央政府在行政分权背景下调控和引导地方政府行为的有效政策工具。现行的干部任用考核体制则是根据德（思想政治素质）、能（组织领导能力）、勤（工作作风）、绩（工作实绩）、廉（廉洁自律）来评价和选拔干部，其中的绩即政绩便成为干部任用和升迁的重要指标，也成为领导施政的指挥棒[③]。

[①] KRAEMER K, LINDEN G, DEDRICK J. Capturing value in global networks: Apple's iPad and iPhone [R]. PCIC Working Paper, 2011.
[②] 贾根良. 国际大循环经济发展战略的致命弊端 [J]. 马克思主义研究, 2010 (12): 53-64.
[③] 陈家喜, 汪永成. 政绩驱动: 地方政府创新的动力分析 [J]. 政治学研究, 2013 (4): 50-56.

对此，部分学者认为，中国地方官员之间可能存在基于经济增长业绩的"晋升标尺赛"[①]，甚至是"锦标赛"[②]。由于地方干部需要以绩效换取晋升，因此中央政府可以通过把政策目标纳入"竞赛"标准以保证其落实。然而"依绩效提拔"这一概念也受到了诸多挑战，其中最尖锐的批评是：主要依据 GDP 增长率大小来决定地方官员仕途与中国政治体制的内核不相符[③]。不过，批评者也同样面临着质疑，即难以解释地方政府对于政绩的热衷以及中国长达 30 年的高速经济增长。为此，有学者认为中国地方官员之间可能存在某种比较宽松的基于经济增长率排序的"晋升资格赛"[④]。

不仅如此，虽然 GDP 政绩目标在一定程度上提高了地方官员的积极性，促进了地方的经济发展，但考核指标主要侧重增长速度和数量，对于发展质量和群众的幸福感关注不够。这使得政绩考核的指导性有所不足，考核结果同人民群众的切身感受不一致，难以凸显对高质量发展的激励作用。此外，这种考核方式有较大的片面性：一则，GDP 指标本身有其局限性，数据准确性和真实性存疑；二则，一些地方政府片面追求发展速度与GDP 指标，或是左右逢源，或是突出个人政绩，盲目开展项目，恶性竞争，造成社会资源的浪费和环境的破坏。同时，许多地方项目因政府官员的任期约束而过于追求短期效应，缺乏前瞻性，沦为"政绩工程"，由此

---

① MASKIN E, QIAN Y, XU C. Incentives, information, and organizational form [J]. The review of economic studies，2000，67（2）：359 - 378.

② 周黎安. 晋升博弈中政府官员的激励与合作：兼论我国地方保护主义和重复建设问题长期存在的原因 [J]. 经济研究，2004（6）：33 - 40；周黎安. 中国地方官员的晋升锦标赛模式研究 [J]. 经济研究，2007（7）：36 - 50.

③ 陶然，苏福兵，陆曦，等. 经济增长能够带来晋升吗?：对晋升锦标竞赛理论的逻辑挑战与省级实证重估 [J]. 管理世界，2010（12）：13 - 26.

④ 杨其静，郑楠. 地方领导晋升竞争是标尺赛、锦标赛还是资格赛 [J]. 世界经济，2013，36（12）：130 - 156；杨其静. 市级官员晋升，光靠经济不行 [J]. 领导文萃，2014（17）：68 - 71；杨其静，杨婧然. 晋升问题：锦标赛理论的贡献与挑战 [J]. 经济社会体制比较，2019（2）：156 - 164.

给地方带来不可估量的损失。

对此,习近平总书记在 2013 年全国组织工作会议上明确指出:干部考核"再也不能简单以国内生产总值增长率来论英雄了"[①]。虽然 GDP 是反映经济社会发展动态的一个"显示屏",有其重要意义,但也有其局限性。它不能准确地反映一个国家财富的变化,不能反映某些重要的非市场经济活动,不能全面地反映人们的福利状况等,特别是不能反映经济发展对资源环境所造成的负面影响。因此,若将 GDP 视为唯一的指标,过分追求绝对数字的增加,就容易使一些官员养成急功近利、捏造"政绩"的陋习。比如,不少地方政府官员为了追求任期内的 GDP 高增长率,就忽视经济社会的协调发展,大举借债搞"政绩工程",不惜以破坏生态、透支资源的方式换取经济增长速度。

正是清楚地认识到上述弊端,习近平总书记特别强调,政绩考核形式应有新的时代内涵,要"把民生改善、社会进步、生态效益等指标和实绩作为重要考核内容"[②],进而要求加快创建和完善制度环境,协调建立高质量发展的指标体系、政策体系、标准体系、统计体系、绩效评价和政绩考核方法[③]。在此背景下,党的十九届五中全会要求,不断提高贯彻新发展理念、构建新发展格局能力和水平。为政之要,首在得人;知事识人,重在考核。

当今世界正在经历百年未有之大变局,我国发展的内外环境正发生深

---

① 建设一支宏大高素质干部队伍 确保党始终成为坚强领导核心 [EB/OL]. (2013-06-30) [2013-06-30]. http://jhsjk.people.cn/article/22020855.

② 为政之要,莫先于用人 [EB/OL]. (2016-09-12) [2016-09-12]. http://jhsjk.people.cn/article/28707650.

③ 加强领导科学统筹狠抓落实 把改革重点放到解决实际问题上来 [EB/OL]. (2018-09-21) [2018-09-21]. http://jhsjk.people.cn/article/30306382.

刻复杂的变化。我国已转向高质量发展阶段，开启全面建设社会主义现代化国家新征程。加快构建以国内大循环为主体、国内国际双循环相互促进的新发展格局，推进国家治理体系和治理能力现代化，需要充分发挥政绩考核的指挥棒作用，推动形成能者上、优者奖、庸者下、劣者汰的正确导向，不断提高各级领导干部贯彻新发展理念的能力和水平。以推动高质量发展为主题，就要根据不同地区、不同层级领导班子和领导干部的职责要求，建立各有侧重、各具特色的干部考核评价指标体系。对此，中央组织部已经印发了《关于改进推动高质量发展的政绩考核的通知》，各地也根据要求完善政绩考核的要点，以畅通"有为者有位"渠道、搭牢"实干者实惠"奖台、敲响"无为者失位"警钟。

三、传统发展模式的利弊

改革开放以来，我国通过粗放的出口导向型经济积极参与全球价值链分工，以原料、市场"两头在外、大进大出"的模式，面向世界市场生产，通过要素低成本、出口导向型战略实现了经济高速发展，创造了"经济增长奇迹"。我国通过发展劳动密集型制造业融入全球价值链，进而实现了对外贸易的迅速发展，使得我国的综合国力和人民生活水平大幅提高，并构建了相对完整的产业链体系，推动我国成为新的"世界工厂"和制造业中心，具备了强大的制造能力与生产能力，为全面建立以国内大循环为主体、国内国际双循环相互促进的新发展格局奠定了坚实的供需基础和制度基础。

但是，随着经济全球化进程出现新变化，依赖国际大循环的出口导向发展战略难以适应经济发展新要求，我国亟须将经济发展的动能从"出口—投资驱动模式"转向"内需—创新模式"。同时，改革开放以来形成的传统经济发展模式的一些弊端也逐渐凸显。我国在过度消耗资源与能源的粗放型发展模式下，对国外需求严重依赖，形成了原材料和市场"两头在外"的发展格局，导致供需、产业结构失衡，具有不可持续发展的固有缺陷。一是高度重视国外市场而忽视对国内市场需求的保护与开发，这在一定程度上影响了大国经济优势的发挥。二是总体发展格局上对国外产业处于依附状态，难以培育出核心技术和自主品牌，产业转型升级压力大。三是相关产业受外部环境影响较大。当贸易保护主义、单边主义、霸凌主义等不确定因素增加时，我国面临的金融风险也随之增大，容易受制于人、遭遇"卡脖子"问题。这与我国有效应对国际经济风险挑战的要求不相适应，与绿色环保的目标不相适应，与改善民生的宗旨不相适应[①]。

第二节
以创新驱动经济增长的必要性

一、国际分工格局的变化

以创新驱动发展是应对错综复杂的国际环境变化的战略举措。当今

[①] 胡磊. 我国传统经济发展方式的弊端与转变路径 [J]. 党政干部学刊, 2010 (9): 45-47.

世界正经历百年未有之大变局，以 2016 年英国公投脱欧和特朗普当选美国总统为标志，逆全球化思潮抬头。2020 年初暴发的新冠疫情全球肆虐，不仅使得全球经济陷入低谷，单边主义、霸凌主义上升，不稳定性、不确定性明显增强，国际贸易和投资大幅萎缩，还使得全球产业链供应链面临巨大调整的威胁。同时，新一轮科技革命和产业变革也孕育兴起，创新正成为提高国家综合国力的一个关键因素。为此，我国需要依靠科技和产业创新，在新的分工格局下占领世界经济科技的制高点[1]。

近年来，部分国家对我国高科技企业的无理打压以及新冠疫情对我国和世界经济造成的冲击，凸显了维持产业链供应链安全稳定的重要性。只有坚持科技自立自强、尽快克服关键核心技术"卡脖子"问题，才能确保我国产业链供应链安全稳定。我们要把发展主动权牢牢掌握在自己手里，打通堵点、补齐短板，贯通生产、分配、流通、消费各环节，形成需求牵引供给、供给创造需求的高水平动态平衡，提升国民经济体系整体效能，为加快形成以国内大循环为主体、国内国际双循环相互促进的新发展格局夯实基础。

随着中国制造业参与全球价值链分工的程度上升和地位提高，西方国家开始重新估量中国制造业对全球的影响。例如 David 等提出"中国综合征"的论断，强调来自中国的廉价加工品对美国同类行业有明显的"挤出效应"，并首次定量分析了中国进口工业品对美国劳动力市场的负面影响[2]。该

---

[1] 洪银兴. 论创新驱动经济发展战略 [J]. 经济学家，2013（1）：5-11.
[2] DAVID H, DORN D, HANSON G H. The China syndrome: local labor market effects of import competition in the United States [J]. American economic review，2013，103（6）：2121-2168.

论断也得到了 Acemoglu 等的支持，其基于 1999—2011 年的数据，研究发现来自中国的廉价加工品导致美国损失了约 200 万个就业岗位[1]。这些论断都为特朗普发动对中国的贸易战奠定了理论基础。特朗普政府对外经济政策"买美国货，雇美国人"是其逆全球化理念的一个写照。"美国优先"是特朗普执政的基本哲学[2]，他认为进口和对外投资势必带来本国就业机会的丧失，只有出口与引进外资才能为本国居民谋取更大福祉。在逆全球化理念下，2017 年 8 月特朗普授意美国贸易代表办公室对中国发起"301 调查"[3]，拉开了中美新一轮贸易摩擦的序幕。2018 年上半年，中美贸易摩擦持续升级，美国政府对中国进口产品大幅提高关税，干扰《中国制造 2025》计划。基于中国工业品"威胁论"，特朗普政府认为当前的全球价值链分工使美国利益受损，而使中国获得了巨大的发展利益，试图遏制中国在全球价值链中的提升[4]。在"美国优先"的执政理念下，特朗普政府利用美国现有的超级大国地位，采取各种非常规手段促进资本回流美国，从而改变美国国内外政治经济格局。这种贸易保护主义行为实质上是一种经济单边主义，是特朗普政府对美国单边主义外交理念的一种继承与发展。这既反映了特朗普政府对国际收益分配格局的不满、对重塑国际经济秩序的考量及对中美相对实力变化趋势的深层忧思，也展现了其摆脱国内政治经济困境的潜在路径。可见，这既是美国对外经济政策保守化的体

---

[1] ACEMOGLU D, AUTOR D, DORN D, et al. Import competition and the great US employment sag of the 2000s [J]. Journal of labor economics, 2016, 36 (S1): S141-S198.
[2] 杨其静. 特朗普当选对中国经济的挑战 [J]. 国际商务财会, 2016 (11): 8-14.
[3] "301 调查"是美国依据 301 条款进行的调查，301 条款指的是《1988 年综合贸易与竞争法》第 1301-1310 节的全部内容。
[4] 于畅，邓洲. 贸易环境变化背景下中国制造业参与全球价值链分工：研究前沿综述 [J]. 中国流通经济, 2020, 34 (5): 40-47.

现,也是特朗普政府应对中国崛起的新举措。

与此同时,世界上其他各国也纷纷采取措施。2020年日本、德国等国明确出台相关政策支持本国产业回流。2020年4月7日,日本政府出台了追加预算方案,预计使用2 200亿日元资助企业将生产线回流日本,投入235亿日元资助企业将生产转移到其他国家。2020年4月8日,德国政府宣布修改《对外经济法》,旨在对非欧盟国家投资制定更为严格的审核标准。逆全球化引发的全球价值链调整势必对我国现有的产业安全产生深远影响。新冠疫情暴发之后,各国从国内产业安全角度考虑进行国际分工格局的调整,强化了欧美一些政策制定者实施贸易保护的主张和决心。欧美一些政客甚至还以所谓的维护供应链安全为由提出了针对中国的"去风险化""中国+1"主张。这可能会进一步加剧逆全球化的趋势,并在短期影响到中国产业链的稳定。长期来看,其进行技术限制和贸易保护的目标是遏制中国发展,而这有可能使中国高质量发展的目标面临挑战。

可见,实施创新驱动发展战略,是应对国际分工格局变化、把握发展自主权、提高核心竞争力的必然选择。历史和实践表明,核心技术花钱买不来,市场换不来,必须立足创新驱动、自立自强。

"十三五"时期,我国国产航母、国产大飞机、长征五号运载火箭等一批国之重器相继而生,5G通信、超级计算等产业技术创新取得重大突破,正是坚持创新驱动和科技自立自强而结出的累累硕果。当前,新一轮科技革命和产业变革方兴未艾,在日趋激烈的国际竞争下,我国创新能力有待进一步增强,核心技术依旧受制于人,存在"卡脖子"的风险;同时,一些产业还处于全球价值链的中低端,高新技术领域的发展同发达国家相比仍有较大差距。自主创新能力的重要性愈加凸显,这对于转型时期的中国而言，既是机遇，也是挑战。如何把握利用好对自身发展有利的新事物，实现自身转型升级动力机制的优化，是中国制造业实现乘势而起的关键①。

党的十九届五中全会提出，坚持创新在我国现代化建设全局中的核心地位，把科技自立自强作为国家发展的战略支撑。党的二十大报告更是明确地将"实现高水平自立自强，进入创新型国家前列"列为我国到2035年的总体发展目标之一。因此，我们更加需要坚定不移走中国特色自主创新道路，更好发挥新型举国体制优势，掌握竞争和发展的主动权。为此，我们需要着力提升自主品牌影响力和竞争力。同时，着力实现科技自立自强，将突破一系列瓶颈、解决深层次矛盾的根本出路和动力放在创新上，发挥科技创新在全面创新中的引领作用。高举中国特色社会主义伟大旗帜，把发展需要和现实能力统筹兼顾，基于创新驱动发展战略，将现存的"卡脖子"的技术环节逐个攻克。同时，进一步深化科技体制改革，为创新营造良好环境、提供基础条件、健全相关服务，完善科技成果转化机制。并且还要加强创新人才教育培养，力争培养一批具有国际水平的战略科技人才。

二、国内经济发展阶段的变化

以创新驱动经济增长是适应我国经济发展阶段变化的主动选择。改革开放以来，随着经济的持续增长与国内外形势的变化，我国要素禀赋发生转变：劳动力净增长从缓慢增长到停滞再到下降，2018年劳动力占全球的比重降至20%；投资能力持续增强，我国资本形成总额占全球资本形成总

---

① 李捷，余东华，张明志. 信息技术、全要素生产率与制造业转型升级的动力机制：基于"两部门"论的研究 [J]. 中央财经大学学报，2017（9）：67-78.

额的比重已经高达26%；石油、淡水等自然资源要素的短缺则更为突出[①]。

与此同时，我国积累了比较雄厚的物质基础，形成了广阔的国内市场。从经济总量看，国家统计局2021年1月18日发布的数据显示，2020年我国GDP总量已达101.6万亿元人民币，人均GDP突破1万美元，是世界第二大经济体。即便是遭遇了三年疫情，我国经济也保持了较好的增长，2023年全国的GDP已超过126万亿人民币。从产业体系看，我国是世界上唯一拥有联合国产业分类中全部工业门类的国家，拥有完备的产业体系和优良的生产能力。从消费需求看，我国是全球第二大市场。国家统计局发布的2020年度数据显示，当前我国中等收入群体超过4亿人。巨量的人口基数和庞大的中等收入群体是构建新发展格局、扩大内需市场、促进消费升级的坚实基础。2020年我国国内固定资产投资总额为51万亿元，三次产业投资增速全部转正，其中第一产业投资增长19.5%，第二产业投资增长0.1%，第三产业投资增长3.6%。社会消费品零售总额39万亿元，可以为新发展格局的构建提供较大的国内市场。从科技能力看，我国的科技水平不断提升，研发规模居世界第二位。

可见，经过近几十年的发展，我国不仅具备全球最完整且规模最大的工业供应体系，同时还拥有规模庞大和需求多样的国内消费市场，具备了大国经济发展模式的基本条件，为转变经济发展方式提供了稳定的现实基础[②]。因此，习近平总书记在《关于〈中共中央关于制定国民经济和社会发展第十四个五年规划和二〇三五年远景目标的建议〉的说明》中指出，

[①] 江小涓，孟丽君. 内循环为主、外循环赋能与更高水平双循环：国际经验与中国实践[J]. 管理世界，2021，37(1)：1-19.

[②] 钱学锋，裴婷. 国内国际双循环新发展格局：理论逻辑与内生动力[J]. 重庆大学学报（社会科学版），2021，27(1)：14-26.

必须把发展立足点放在国内,更多依靠国内市场实现经济发展①。事实上,改革开放以来,我们遭遇过很多外部风险冲击,最终都能化险为夷,靠的就是把发展立足点放在国内。这是党中央根据当前国内国际形势做出的战略部署,亦是构建新发展格局的根本遵循。习近平总书记还提到,我国经济潜力足、韧性强、回旋空间大、政策工具多的基本特点没有变,正处于新型工业化、信息化、城镇化、农业现代化快速发展阶段,投资需求潜力巨大②。

在党的十九大报告中,习近平总书记指出,我国经济已从高速增长阶段转向高质量发展阶段,正处在转变发展方式、优化经济结构、转换增长动力的攻关期。习近平总书记强调,进入新发展阶段、贯彻新发展理念、构建新发展格局,是由我国经济社会发展的理论逻辑、历史逻辑、现实逻辑决定的③。继续深化发展方式的转变,促进我国经济持续快速健康发展,是对我国经济现实的科学把握与判断。传统的经济发展方式难以为继,不可持续,加快转变经济发展方式旨在消除传统经济发展方式中那些不可持续和不稳定的因素,把以经济增长为中心转变到以经济发展为中心的轨道上来,促进经济增长由主要依靠增加物质资源消耗向主要依靠科技进步、劳动者素质提高、管理创新转变,实现经济和社会稳定、持续、全面、协调地发展④。坚持走中国特色自主创新道路,着力构建科技与经济紧密结

---

① 习近平. 关于《中共中央关于制定国民经济和社会发展第十四个五年规划和二〇三五年远景目标的建议》的说明[EB/OL]. (2020-11-04)[2020-11-04]. http://jhsjk.people.cn/article/31917783.
② 坚持用全面辩证长远眼光分析经济形势,努力在危机中育新机于变局中开新局[EB/OL]. (2020-05-24)[2020-05-24]. http://jhsjk.people.cn/article/31720895.
③ 习近平. 把握新发展阶段,贯彻新发展理念,构建新发展格局[EB/OL]. (2021-05-01)[2021-05-01]. http://jhsjk.people.cn/article/32093643.
④ 方福前. 关于转变经济发展方式的三个问题[J]. 经济理论与经济管理,2007(11):12-16.

合、互相促进的体制，加快建设国家创新体系和以企业为主体、市场为导向、产学研相结合的技术创新体系，适应经济进入高质量发展阶段后的新要求。这意味着，高质量发展是"十四五"乃至更长时期我国经济社会发展的主题，关系我国社会主义现代化建设全局，我们应立足新发展阶段、贯彻新发展理念、构建新发展格局，坚定不移走好高质量发展之路。

党的二十大报告更是明确指出"高质量发展是全面建设社会主义现代化国家的首要任务"。新发展阶段明确了中国发展的历史定位。全面建成小康社会、实现第一个百年奋斗目标之后，我们要继续开启全面建设社会主义现代化国家新征程，向第二个百年奋斗目标进军。这标志着我国进入了一个新发展时期，需要我们准确把握内外部环境和社会主要矛盾的变化。随着中国经济已进入从高速增长转向高质量发展的新阶段，加速转变经济发展方式就是大势所趋，而转变经济发展方式，关键在于创新发展与科技自强。创新是引领发展的第一动力，抓住了创新便抓住了发展全局的"牛鼻子"。

当前，我国发展不平衡不充分问题仍然突出，创新能力还不适应高质量发展要求。对此，习近平总书记在党的二十大报告中强调："必须坚持科技是第一生产力、人才是第一资源、创新是第一动力，深入实施科教兴国战略、人才强国战略、创新驱动战略，开辟发展新领域新赛道，不断塑造发展新功能新优势。"

实施创新驱动发展战略，是加快转变经济发展方式、破解当前国内经济形势深层次矛盾和问题的必然选择。为此，我们应不断增强创新能力，深化科技体制改革，加速转变经济发展方式，适应经济高质量发展的浪潮。

三、创新驱动发展和科技自立自强

2020年9月世界知识产权组织在瑞士日内瓦发布的《2020年全球创新指数》显示，中国世界排名第14位，与2015年的第29位相比，前进了15个位次，是进入前30名的唯一中等收入经济体。这表明我国创新型国家建设取得了重大进展。从探月、北斗"更上一层楼"到高铁、5G日新月异，从量子、干细胞研究深入"无人区"到疫情形势得到有效防控，创新的脉动始终与中国的命运紧紧相连，而"十三五"期间我国科技事业取得的历史性成就为建成世界科技强国奠定了坚实基础。毫无疑问，党中央提出的新发展格局，适应了世界百年未有之大变局和中华民族伟大复兴的战略全局的需要，是中国经济"育新机、开新局"并赢得国际竞争新优势的主动战略选择[①]。

与此同时，我们也要看到，我国现有的创新能力还不适应高质量发展要求。要解决这个问题，就必须深化科技体制改革，破除一切制约科技创新的思想障碍和制度藩篱，畅通从科技强到产业强、经济强、国家强的通道，以改革释放创新活力，完善和发展国家创新体系，让一切创新源泉充分涌流。

在新的高质量经济发展条件下，推动供给侧结构性改革，需要以创新驱动经济发展。要大力发展高新技术产业，保障供应链的稳定性与安全性，构建相对完善且高质量的供给体系，提升中国在全球价值链分工和规则制定中的地位。这不仅是中国进一步深化改革的需要，而且是构建以国

---

① 黄群慧. 新发展格局的理论逻辑、战略内涵与政策体系：基于经济现代化的视角 [J]. 经济研究，2021，56（4）：4-23.

内大循环为主体、国内国际双循环相互促进的新发展格局的根本。

走好科技自立自强之路，还要正确处理开放和自主的关系。科技自立自强绝非要关起门来，另起炉灶，彻底摆脱对外国技术的依赖，亦不是闭门造车、单打独斗，把自己封闭于他国之外，而是要实施更加开放包容、互惠共享的国际科技合作战略。我们要以更加开放的思维和举措推进国际科技交流合作，用好国际国内两种科技资源，使我国成为全球科技开放合作的战略平台。

在新一轮全球化趋势下，我国坚持对外开放的基本国策，对原有的发达国家主导的全球价值链（global value chains，GVCs）体系有了新认识和新主张——维护多边贸易体制，重塑国际分工体系，构建包容性全球价值链。构建包容性全球价值链，需要中国由遵守、适应国际贸易规则，向主动参与、维护国际贸易规则的制定与执行转变，推动世界经济迈向更加创新、更具有活力的新格局。

过去几十年中，中国经济开放的主要特征，从地缘位置上看是向东开放，是加入由西方发达国家跨国公司所主导的全球价值链进行加工制造和出口活动。在当今新的世界潮流和趋势下，我国倡导基于"一带一路"的向西开放，强调的是在继续嵌入西方国家跨国公司主导的全球价值链的同时，主动创建各种自主性比较强的价值链，把我们过去在欧美主导的全球价值链下学到的知识与经验，以及相应的制度创新成果运用到"一带一路"倡议的实践中去，不仅要给中国经济转型创造新动能，还要带动"一带一路"沿线国家共同发展。

教育现代化是推进科技自立自强的重要基础。习近平总书记在庆祝中国共产党成立100周年大会上的讲话中强调，新的征程上，我们必须增强忧患意识、始终居安思危，贯彻总体国家安全观，统筹发展和安全，统筹中华民族伟大复兴战略全局和世界百年未有之大变局，深刻认识我国社会主要矛盾变化带来的新特征新要求，深刻认识错综复杂的国际环境带来的新矛盾新挑战[①]。广大科技工作者要以实际行动为加快建设科技强国、推进科技自立自强贡献力量。国家实验室、国家科研机构、高水平研究型大学、科技领军企业都是国家战略科技力量的重要组成部分，要自觉履行推进科技自立自强的使命担当。因此，党的十九大在提出建设教育强国时再次强调要"加快教育现代化"，彰显了教育现代化的重大意义。

教育现代化的内容涵盖与教育相关的各个领域，既有宏观层面的教育理念现代化，也有微观层面的教学模式现代化。加快教育现代化，基本任务是解决教育在发展中遇到的问题，包括教育与社会主义现代化建设不相适应的问题、教育发展现状与教育发展规律不相吻合的问题等，亟须进行宏观与微观层面的结构性改革。《中华人民共和国国民经济和社会发展第十四个五年规划和2035年远景目标纲要》明确提出了提高高等教育质量、分类建设一流大学和一流学科、加快培养理工农医类专业紧缺人才的目标，要加强创新型、应用型、技能型人才培养，支持发展高水平研究型大学，推进产学研深度融合，为增进民生福祉、提高综合国力注入源源不断的动力。

综上所述，新时期的高质量发展要求坚持创新在我国现代化建设全局中的核心地位，把科技自立自强作为国家发展的战略支撑。当前，国内国

---

① 习近平. 在庆祝中国共产党成立100周年大会上的讲话 [EB/OL]. (2021-07-02) [2021-07-02]. http://jhsjk.people.cn/article/32146864.

际两个大局发生深刻变化，国际环境日趋复杂，不稳定性不确定性明显增强，一些"卡脖子"的核心技术受制于人是推进我国产业发展的最大阻碍。只有大力提升自主创新能力，走科技自立自强之路，支持和鼓励广大科技工作者勇闯创新"无人区"，筑牢关键核心技术攻关的根基，才能从根本上保障国家经济安全、国防安全和其他领域安全。同时，国内发展不平衡不充分问题依旧严峻，重点领域的关键环节依旧存在诸多艰巨任务，与一些发达国家相比，我国科技创新的基础还不牢固，创新水平还存在明显差距，经济发展和民生改善等领域存在一些短板弱项。

在危机中育先机、于变局中开新局，需要人民群众付出更多艰苦努力。当然，我们应该在守正创新中坚持制度自信。当前我国已转向高质量发展阶段，制度优势显著，经济长期向好，物质基础雄厚，国内市场广阔，政权结构稳定，构建新发展格局具有多方面优势和条件。我国发展仍然处于重要战略机遇期，面对我国社会主要矛盾变化带来的新特征新要求，以及错综复杂的国际环境带来的新矛盾新挑战，坚持创新驱动发展，肩负科技自立自强的使命，我们完全有信心、有能力谱写出"两大奇迹"——经济快速发展奇迹和社会长期稳定奇迹——的新篇章。

第二章

以关键技术领域的突破提升创新水平

第一节
中国技术创新的总体水平和国际比较

创新型国家的主要标志是科技和人才成为国力强盛最重要的战略资源，劳动生产率、社会生产力提高主要依靠科技进步和全面创新，拥有一批世界一流的科研机构、研究型大学和创新型企业，以及创新的法律制度环境、市场环境和文化环境优良[1]。目前，国际上公认的创新型国家有20个左右，这些国家拥有创新综合指数明显高于其他国家、研发（R&D）投入占GDP的比例一般在2%以上、科技进步贡献率在70%以上，以及对外技术依存度一般在30%以下等主要特征。

本书选取创新型国家中研发投入规模较大的美国、日本、德国、法国和英国等五个国家作为研究参照对象，并根据相关数据的可获性对参照国进行适当取舍，和中国技术创新的总体水平加以比较。

为保证数据的权威性和可靠性，本书主要采用官方发布的统计数据。其中，国际数据主要来自经合组织科学技术指标数据库、世界银行数据库和相应国家政府官网，且除投入规模采用绝对值外，其他指标尽可能采用

---

[1] 奚洁人. 科学发展观百科辞典[M]. 上海：上海辞书出版社，2007.

相对值，以使国际比较更为科学合理①。中国的数据优先采用经合组织数据库和世界银行数据库的统计数据，某些缺失的数据则利用国家统计局、财政部等部门的科技统计资料进行补充测算。

中国科学技术发展战略研究院发布的《国家创新指数报告 2020》显示，中国国家创新指数综合排名世界第 14 位，科技创新能力快速提升②。

数据表明，中国的规模和速度指标，即 R&D 投入总额（见图 2-1）和增速有较为明显的优势，而在反映质量、效率的结构指标和相对指标，如 R&D 投入占 GDP 比例（见图 2-2）、研究人员平均所获经费（见图 2-3）等方面相对不足。中国科技创新能力要得到大幅提升，仍需依靠持续积累和长期投入。

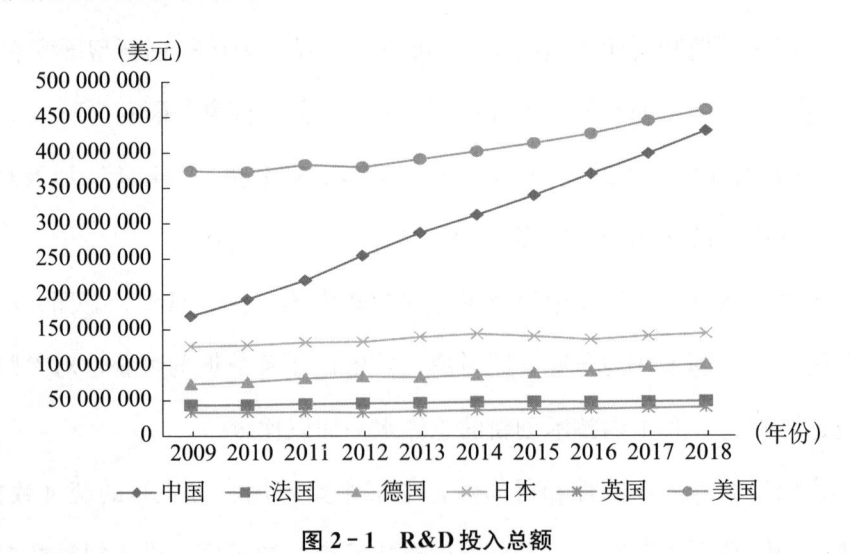

图 2-1 R&D 投入总额

资料来源：UNESCOSTI。

---

① 姜桂兴，程如烟. 我国与主要创新型国家基础研究投入比较研究 [J]. 世界科技研究与发展，2018, 40 (6): 537-548.
② 2020 年全球创新指数报告：中国创新能力排名保持第 14 位 [J]. 科技与金融，2020 (10): 2-3.

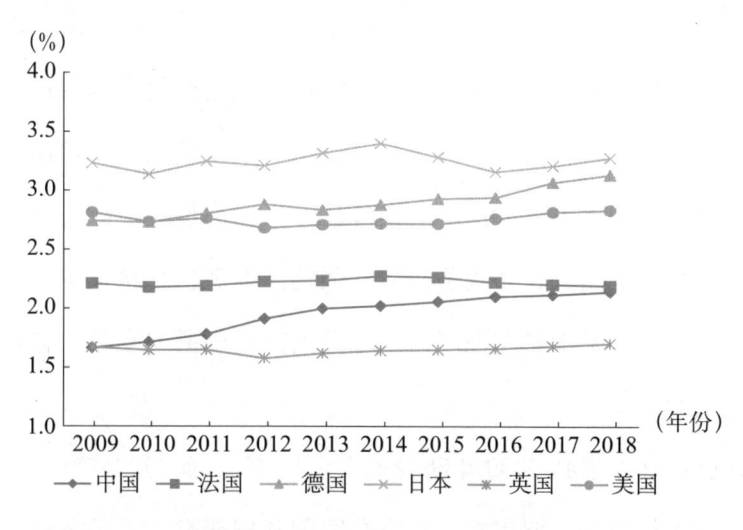

图 2-2 R&D 投入占 GDP 比例

资料来源：UNESCOSTI。

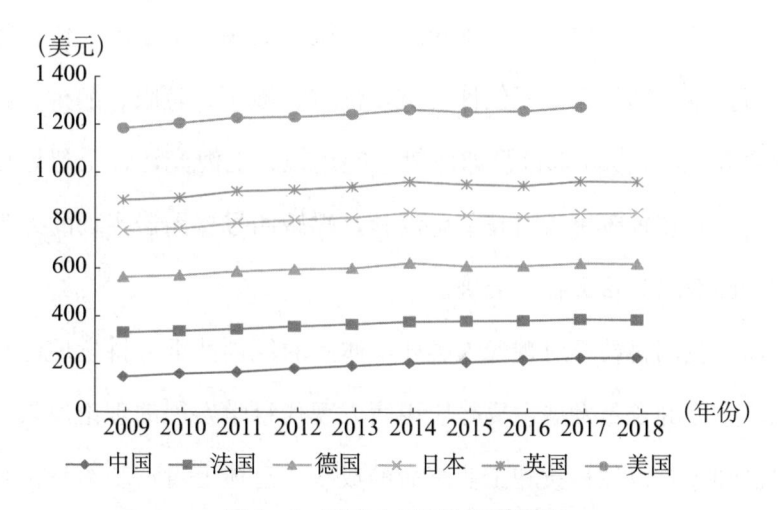

图 2-3 研究人员平均所获经费

资料来源：UNESCOSTI。

一、基础研究

基础研究是指为了获得关于现象和可观察事实的基本原理的新知识

（揭示客观事物的本质、运动规律，获得新发现，创立新学说）而进行的实验性或理论性研究，不以任何专门或特定的应用或使用为目的。其成果以科学论文和科学著作为主要形式，用来反映知识的原始创新能力[1]。基础研究能力的强弱，决定着一个国家科技水平的高低、国际科技竞争力的大小，并最终决定国家综合竞争能力的强弱。纵观世界科技发展史，科技强国无一例外都是基础研究强国，没有强大的基础研究支撑，科技强国是不可能建成的[2]。

我国已经确立了到 2030 年跻身创新型国家前列、到 2050 年建成世界科技强国的宏伟目标。近年来，我国在原创基础研究、关键研究设施平台等方面陆续取得了不少位居世界前列的重大科研成果，如：铁基超导材料、量子反常霍尔效应、多光子纠缠、中微子振荡、干细胞、体细胞克隆猕猴、拓扑半金属等重要原创性突破，悟空、墨子、慧眼、鹊桥、碳卫星等科学实验卫星，500 米口径球面射电望远镜、上海光源、全超导托卡马克核聚变实验装置等重大科技基础设施，嫦娥四号探测器实现的人类首次在月球背面登陆等重大技术突破。

然而，我国科技界对现代人类知识体系的原创性重大科学理论贡献仍不多见，迄今的长足发展主要是应用西方现代科学发展的理论成果，主要依靠引进和吸收以往科技和工业革命的成果。总体上看，基本是在利用国外先进技术，早期长期"跟跑"，近年来一些领域才开始实现"并跑"，而科技"领跑"的领域仍屈指可数。

---

[1] http://www.stats.gov.cn/tjsj/zbjs/201912/t20191202_1713041.html.
[2] 张先恩，刘云，周程，等．基础研究内涵及投入统计的国际比较［J］．中国软科学，2017(5)：131-138.

本书对中国及世界主要创新型国家基础研究投入总额、基础研究投入强度和国际科学论文（SCI）发表量等统计情况进行了分析比较，具体结果如图2-4至图2-6所示。

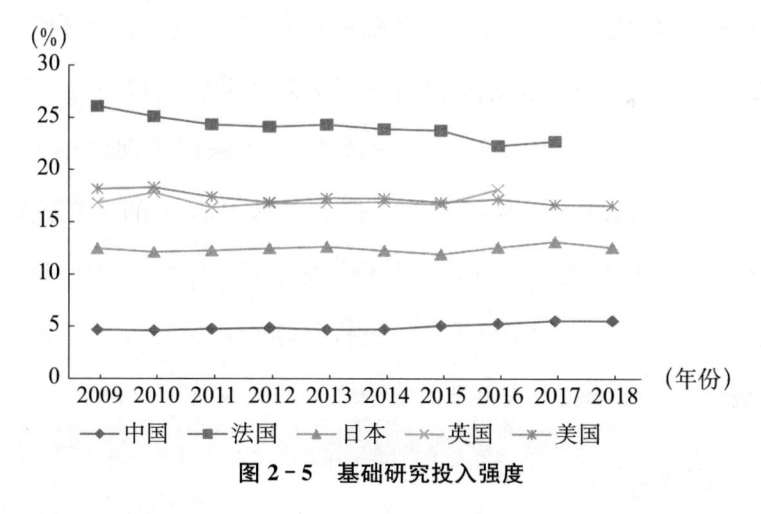

图2-4 基础研究投入总额

资料来源：UNESCOSTI。

图2-5 基础研究投入强度

资料来源：UNESCOSTI。

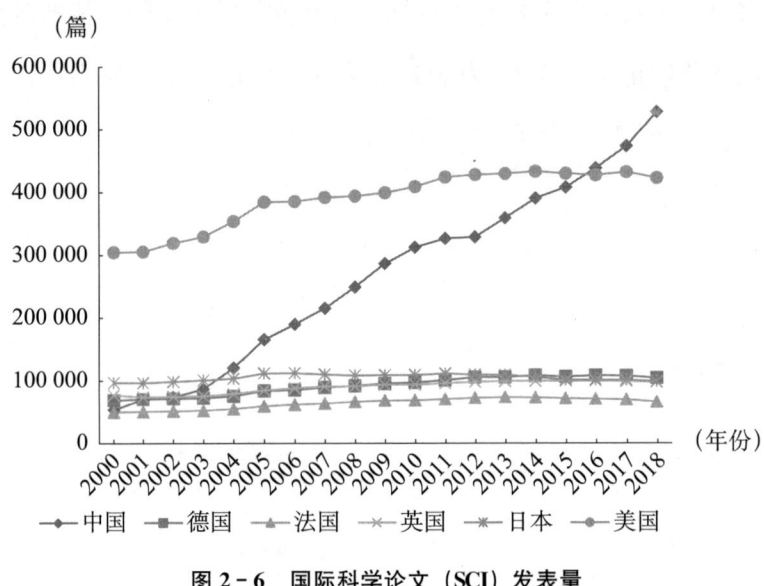

图 2-6　国际科学论文（SCI）发表量

资料来源：世界银行数据库。

数据表明，从 2009 年开始，我国的基础研究投入稳步上升，国际科学论文（SCI）的发表量增速明显，投入总额逐渐超过英国、日本和法国，但与美国仍有较大差距。同时，基础研究投入强度（基础研究投入占 R&D 投入的比例）可以较好地说明国家在创新发展过程中对基础研究的重视程度：自 2009 年起，英国的基础研究投入强度呈现波动上升趋势，法国的基础投入强度显著高于其他科技强国和中国，日本和美国基本稳定。而中国虽在稳步提升，但仍然低于上述国家，与科技强国相比我国基础研究经费投入仍有大幅提升空间。重视基础研究的投入并提供持续稳定支持，是当下我国开展源头创新的重中之重的政策战略选择。

二、应用研究

应用研究是指为获得新知识而进行的创造性研究，主要针对某一特定的目的或目标。应用研究是为了确定基础研究成果可能的用途，或是为达到预定的目标探索应采取的新方法（原理性）或新途径。其成果形式以科学论文、专著、原理性模型或发明专利为主，用来反映对基础研究成果应用途径的探索[①]。用以衡量应用研究投入的一个指标是研发支出，是指系统性创新工作的经常支出和资本支出（国家和私人），其目的在于提升知识水平，包括人文、文化、社会知识，并将知识用于新的应用。

本书对中国及世界主要创新型国家的应用研究投入总额、应用研究投入强度（应用研究投入占R&D投入的比例）、专利申请量、高科技出口总量等统计情况进行了分析比较，具体结果如图2-7至图2-10所示。

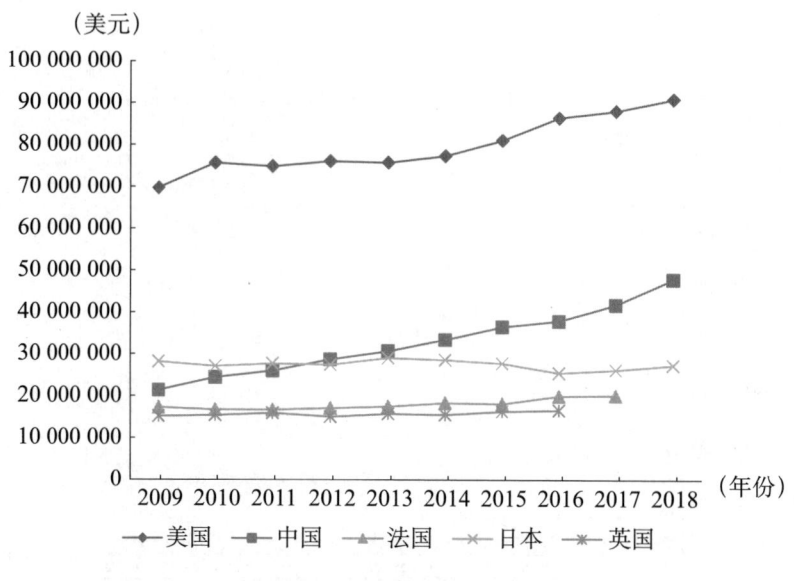

图2-7 应用研究投入总额

资料来源：UNESCOSTI。

---

① http://www.stats.gov.cn/tjsj/zbjs/201912/t20191202_1713041.html.

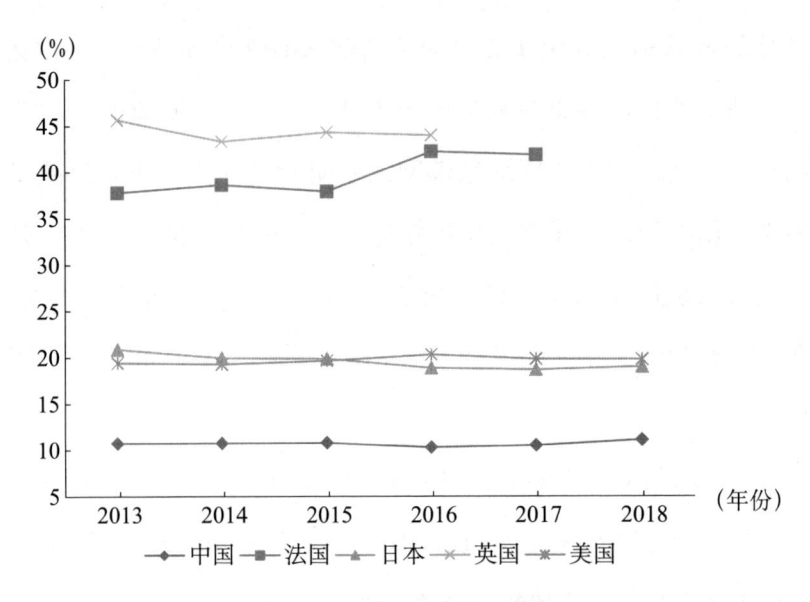

图 2-8　应用研究投入强度

资料来源：UNESCOSTI。

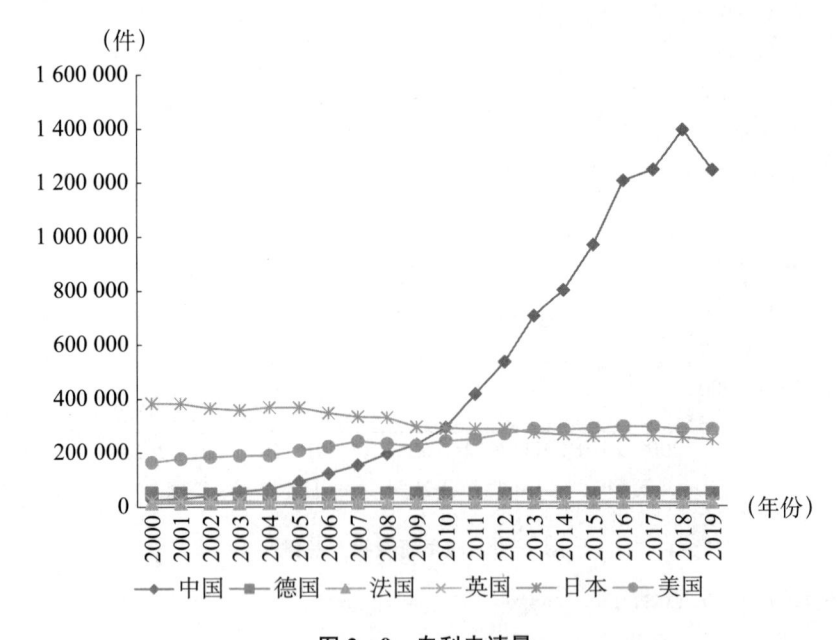

图 2-9　专利申请量

资料来源：世界银行数据库。

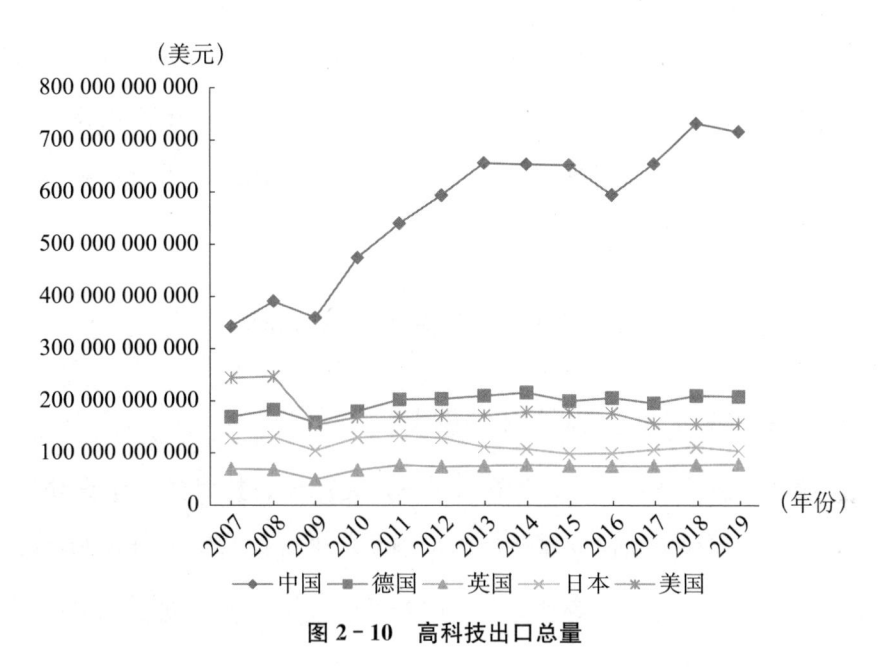

图 2-10 高科技出口总量

资料来源：世界银行数据库。

数据表明，从 2009 年开始，我国的应用研究投入总额稳步上升，专利的申请量增长明显，高科技出口总量显著提升，应用研究投入总额逐渐超过英国、日本和法国，但与美国仍有较大差距。同时，应用研究投入强度可以较好地说明国家在创新发展过程中对应用研究的重视程度。自 2009 年起，中国虽在应用研究投入强度上稳步提升，但仍然低于法国、英国、日本、美国。

中国虽然在创新资源、知识创造和创新环境指数方面保持上升态势，但基础薄弱、创新资源积累不足，相比美日等创新强国，未来国家整体创新能力和实力仍然存在巨大的提升空间。当今世界，国家的繁荣富强和持续发展主要取决于创新能力的培养和积累。在国际贸易保护主义和单边主义抬头，世界经济、政治和安全形势不确定因素增加的当下，科技创新对国家竞争力的支撑引领作用更加凸显。面对未来科技发展和国际政治经济形势演变带来的机遇与挑战,世界各国都在增加科技创新资源投入,力图增强自己的创新能力。总体来看,在发展中国家阵营中,中国进步的步伐最快,突出展现了大国创新的优势和特征,不过在科技创新质量和效益方面与科技强国还有一定差距。

三、技术孵化和产学研的主要模式与问题

(一) 技术孵化和产学研的主要模式

按照"知识—技术—生产"的观点①,关键核心技术的产学研协同过程,可以内在划分为知识创新及传播过程、技术孵化及转移过程和产品创新及推广过程。不同的创新过程,其创新导向、主导者及创新成果的属性均存在差异。

大学是基础研究的主导者,科研院所是应用研究的主导者,两者利用创新资源进行知识创造和应用;企业是产品开发与试制、商品化及产业化三个阶段的主导者,是创新的核心主体,既是创新资源的供给者,又是技术创新活动的执行者;政府通过搭建平台、政策引导、法律保障等措施,为创新链的运行提供良好的环境,同时会通过税收从创新价值的实现过程中获益。另外,一些科技中介组织和科技金融机构也发挥着重要的作用,如加强与其他几类创新主体之间的联系,通过提供专业化服务创造价值。创新链以市场需求为导向,围绕某个创新阶段及其主导者,通过知识流动将各个创新主体连接起来,以实现创新价值的目标,创新主体的运行效果通过创新绩效来反映。

---

① 余维新,熊文明,顾新. 关键核心技术领域产学研协同创新障碍及攻关机制 [J]. 技术与创新管理,2021,42 (2):127-134.

知识创新及传播过程对应于基础研究阶段。该过程的主导者是大学，科研院所及企业是重要的参与者，创新的导向主要是科学导向[①]。在基础研究、知识创新及传播过程中，其创新成果的主要形式是论文、专利等基础知识，属于非专有技术，具有较强的外部效应。而关键核心技术双重导向的创新特征，使得技术的先进性需要基础知识及理论的支撑。大学通过与企业、科研院所协同创新，能够促进基础知识的创新及传播。首先，大学针对关键核心技术领域里的基础原理性知识和国外研究方向，开展累积性学术研究，目的在于熟悉和掌握关键核心技术中蕴藏的科学知识。其次，大学通过对科研院所及企业反馈回来的生产经验、工程技术知识进行逆向创新，有利于基础性知识的突破。再次，大学和科研院所、企业进行协同创新，有利于面向关键核心技术研发进行人才培养，有利于关键核心技术原理性知识向知识链下游扩散。

技术孵化及转移过程对应于应用研究阶段。该过程的主导者是科研院所，大学及企业是重要的参与者，创新导向以愿景导向为主。科研院所在知识创新的基础上前进一步进入技术孵化阶段，将包裹在物理形式里的知识与市场结合，进而互动、融合，能够实现学术能力快速突破和转化。大学参与到技术创新过程，一方面为科研院所在技术创新过程中从前向提供原理性的科学知识，另一方面通过反馈验证科学知识进行进一步的创新。企业参与到技术创新过程，不仅可以为科研院所技术创新提供相应的资金及生产设施，而且还可以通过与科研院所互动增进对技术知识的了解，促进技术知识的转移。

---

① 陈亮. 从技术孵化到战略技术联盟：创新型大学衍生企业的成长路径 [J]. 科技与经济，2011, 24 (1)：51-55.

产品创新及推广过程对应于产品开发与试制、商品化及产业化三个阶段。该过程创新的主导者是企业，大学及科研院所是重要的参与者，创新导向主要是市场导向。企业通过产学研协同，从大学获取产品创新所需的基础知识及创新人才，从科研院所通过技术转移获取相关技术知识，通过开发与试制、专用资产投资及市场开拓，最终实现关键核心技术的市场应用，获取创新价值。大学参与产品创新及推广过程，一方面可以获取基础研究所需的资金，另一方面可以立足于产业实践培养人才。科研院所参与产品创新及推广过程，可以顺利实现技术转移，通过解决工程技术问题获取创新回报。

（二）技术孵化和产学研中存在的问题

双重导向的创新特征、竞争前的技术特征及广泛应用的市场特征，使得关键核心技术创新存在着外部性、信息不完全及由此导致的市场失灵问题。这些问题会使得关键核心技术产学研协同创新的过程产生系统性障碍。

中国已经在自主创新道路上取得了重大成就，研发投入、科学论文和专利的总量都已跃居世界前列，但科技与经济"两张皮"现象仍然突出[1]。一则，企业的核心技术能力还不强，未形成创新驱动的发展模式。在许多技术革命频发的基础性行业（如集成电路、基础软件、汽车发动机、液晶面板）中，中国产业的核心技术仍然严重依赖国外。二则，大学和科研机构的科技成果转化率长期偏低，未能有效支撑经济发展。据统计，目前我国每年取得的省部级以上科技成果有3万多项，但成果转化率仅为25%左

---

[1] 何郁冰. 产学研协同创新的理论模式[J]. 科学学研究，2012，30（2）：165-174.

右，真正能实现产业化的不足5%，科技进步对经济增长的贡献率不足40%，而发达国家这一比例高达60%以上。这是因为：受20世纪50年代模仿苏联科技体制模式的影响，中国创新系统中的科技型组织（大学和科研院所）和经济型组织（企业）长期缺乏创新资源的互动。各类技术转移大多都是在政府指导下开展，大学和科研院所缺乏深入理解产业技术需求的能动性；而偏好市场细分策略和低成本导向的企业，在短期利润的驱使下也没有利用公共科技成果的动力。

当下，大学和科研院所强调科学知识成果化，但忽视创新的市场导向。大学和科研院所人员的考核内容一般包括经费、论文、专利及所获奖项，强调科学知识成果化。科学导向的研究忽视了知识的技术化及产品化，使得基础研究缺少市场价值，不利于成果的最终转化。与此同时，创新团队在创新成果的使用、收益及处置三权上受到限制，知识红利难以变为市场价值，进一步限制了开展后续转化的积极性。

企业参与关键核心技术基础研究的积极性也不高。一则，关键核心技术属于竞争前技术，技术路线不明朗，经济指标不确定，企业参与产学研协同创新的风险比较大；二则，协同创新过程中，企业在创新决策、科研组织方面没有足够的话语权，不能充分反映和体现企业的需求。

技术孵化及转移过程作为知识向产品飞跃的关键环节，在关键核心技术协同创新过程中发挥着重要作用。技术孵化及转移阶段的障碍主要体现在：

第一，技术孵化投入不够。大学和科研院所在创新成果化的过程中资金投入较少，并且有相对固定的资金来源。企业在产品创新及推广过程中有预期的市场收益，比较愿意投入。在风险投资不健全的情况下，技术孵化资金缺乏明确的主体及来源渠道，科技成果孵化缺乏公共基础设施基地为中试提供支撑。

第二，科技成果转化平台发展滞后。竞争前意味着关键核心技术的技术路线和应用前景还可能面临各种不确定性，这就需要科技平台及中介降低关键核心技术信息不对称造成的技术识别错误及由此带来的逆向选择。我国科技成果转化平台发展滞后，不利于产学研深度融合，使得技术转移不畅。

第三，人才、设备及职务发明管理体制僵化。大学、科研院所与企业在人事管理、人才评价及考核分配方面的制度差异性较大，限制了人才流动和产学研之间的深度融合。科研设施社会化共享机制缺失，创新平台、设备等创新资源存在明显的闲置，利用效率不高。职务科技成果属于国有资产，国有资产保值增值的要求不允许国有资产以任何形式转移转让，缺乏对科技成果转化的激励。

第四，商业化阶段的知识产权冲突。关键核心技术应用范围广，具有巨大的市场价值。产品创新及推广过程处于创新链的末端，属于竞争性领域。信息不对称和资源不对称容易导致产学研协同创新过程中的利益分配及知识产权冲突，影响创新链的稳定性和持续性。

第五，产业化阶段的竞合关系冲突。关键核心技术产业化阶段，创新活动进入专有产品开发和市场开发阶段，创新活动的竞争性加剧。如果不能处理好产业化阶段产学研之间的竞争和合作关系，就可能使得关键核心技术创新功亏一篑，降低研发的成功率。

第六，大学、科研院所参与产品创新的积极性不高。大学、科研院所仅仅将协同创新活动限制在创新链的前端，如基础研究和应用研究领域。

创新活动进入创新链末端以后，在没有合理的利益分配机制的情况下，企业不愿意分享创新收益，大学、科研院所不愿意将知识或技术无保留地转让给企业，导致创新成果仅仅停留在论文和专利层面，难以实现商业价值。

关键核心技术产学研协同障碍，事实上是网络故障的运行结果和具体表现。产学研协同创新网络故障的原因主要来源于三个方面：其一，信息不对称。关键核心技术是一个复杂的技术系统，大学和科研院所研发项目与企业的技术需求普遍脱钩，科技创新的供给侧和需求侧严重不对称。其二，科学与市场导向的差异。大学和科研院所的创新以科学为导向，注重论文及专利等成果导向，忽视成果转化。企业以市场为导向，注重创新的经济价值，注重成果能否快速商品化、产业化。其三，创新激励机制错位。关于企业参与基础研究及应用研究的积极性如何调动，大学、科研院所的知识价值如何实现，没有行之有效的模式。

第二节
关键技术领域

一、"十四五"期间的关键技术领域

（一）新一代人工智能

包括前沿基础理论突破、专用芯片研发、深度学习框架等开源算法平

台构建，学习推理与决策、图像图形、语音视频、自然语言识别处理等领域创新。

人工智能产业市场发展潜力巨大，未来将与新兴技术互为支撑，为产业数字化转型提供底层支持。虽然我国人工智能产业发展较晚，与国际产业市场的多样化相比显得较为单一，但国内人工智能产业基本形成了基础技术支撑、人工智能技术及人工智能应用三个层次的生态圈①。根据中国信通院的研究，目前我国人工智能技术已基本形成了由芯片、数据、开发框架、算法、应用组成的技术生态，而从产业链来看，我国人工智能从基础层、技术层到应用层的产业链生态初步形成。得益于应用场景的丰富性，我国人工智能在计算机视觉、自然语言处理、语音识别等领域已与美国并驾齐驱甚至局部领先②。

（二）量子信息

包括城域、城际、自由空间量子通信技术研发，通用量子计算原型机和实用化量子模拟机研制、量子精密测量技术突破。

我国在 2016 年发布的"十三五"规划纲要中提出着力构建量子通信和泛在安全物联网，并在多项科技与信息产业规划中将量子通信列为战略性新兴产业。同年，科技部设立"量子调控与量子信息"重点专项，部署量子通信和计算等领域的战略性前沿研究。

作为量子信息领域中最接近实用化的技术，近年来量子通信在理论验

---

① 朱巍，陈慧慧，田思媛，等. 人工智能：从科学梦到新蓝海：人工智能产业发展分析及对策 [J]. 科技进步与对策，2016, 33 (21)：66 - 70.
② 曲忠芳，李正豪. 人工智能产业链渐成气候 商业化仍需努力 [N]. 中国经营报，2021 - 07 - 19（C02）.

证、实用化水平提升和新应用场景开发等方面取得了一系列研究成果。以中国科学技术大学为代表的中国研究团队在该领域与世界先进水平基本保持同步，成为推动量子通信技术进步的重要力量。2015年，中科大首次完成基于单光子偏振和轨道角动量的多自由度量子隐形传态实验，并于2016年首次完成了30公里城域光纤网的量子隐形传态实验，成为量子通信研究领域的代表性成果。在量子密钥分发的实用化研究方面，2017年，中科大报道了基于新型测量设备无关协议的404公里光纤线路量子密钥分发实验，提升了传输距离极限[①]。

（三）集成电路

包括集成电路设计工具、重点装备和高纯靶材等关键材料研发，集成电路先进工艺和绝缘栅双极型晶体管（IGBT）、微机电系统（MEMS）等特色工艺突破，先进存储技术升级，碳化硅、氮化镓等宽禁带半导体发展[②]。

近年来，我国政府开始重视集成电路产业的发展。2010年，国务院将新一代信息技术列入扶持的七大战略性新兴产业之中。2014年，我国出台了《国家集成电路产业发展推进纲要》，并设立了国家集成电路产业投资基金。2015年，《中国制造2025》将新一代信息技术产业列为十大领域之首，而集成电路及专用设备是该领域的重中之重。因此，集成电路产业对我国经济发展具有重要的战略意义。

（四）脑科学与类脑研究

狭义的定义是指神经科学，是为了了解神经系统内分子水平、细胞水

---

① 赖俊森，赵文玉. 量子通信技术与产业取得明显进展［J］. 科技中国，2017（12）：11-12.
② 李传志. 我国集成电路产业链：国际竞争力、制约因素和发展路径［J］. 山西财经大学学报，2020，42（4）：61-79.

平、细胞间的变化过程，以及这些过程在中枢功能控制系统内的整合作用而进行的研究。广义的定义是研究脑的结构和功能的科学，还包括认知神经科学等。核心领域包含脑认知原理解析、脑介观神经联接图谱绘制、脑重大疾病机理与干预研究、儿童青少年脑智发育、类脑计算与脑机融合技术研发等。

筹备中的中国"脑计划"是一个"一体两翼"结构。"一体"是基础研究，即理解人类大脑的认知功能是怎么来的。"两翼"一是指诊断和治疗重要的脑疾病，二是指发展人工智能与脑科学结合的脑机智能技术。中国的脑机接口研发，面临四大挑战：一是安全性和有效性难以兼得，这一问题的待解限制了脑机接口技术的大范围运用。二是脑机接口的有效带宽，即到底植入多少个电极才足以基本涵盖大脑重要活动或满足特定功能需求，仍是一个未知数。三是海量神经信号的处理仍是难题。四是社会普遍关注的脑机安全与伦理风险。

（五）基因与生物技术

核心领域包含基因组学研究应用，遗传细胞和遗传育种、合成生物、生物药等技术创新，创新疫苗、体外诊断、抗体药物等研发，农作物、畜禽水产、农业微生物等重大新品种创制，生物安全关键技术研究，等等。

"三农"问题一直是国家发展战略的重中之重，2020年中央经济工作会议首提生物育种产业化意味着生物育种可能将要从理论研究阶段进入产业化阶段：在复杂的国际形势下，保障粮食安全仍是首要任务，需要继续保证口粮种植积极性。该会议还首次提出开展种源"卡脖子"技术攻关，在科学和严格监管下开展生物育种产业化应用，将助推我国的生物育种产业快速发展。

生物育种已经步入品种智能设计时代，生物大数据渗透到生物育种全过程，正推动转基因、全基因组选择、基因组编辑、合成生物技术、信息技术、人工智能等技术有机结合。虽然上述技术不是原创于中国，但是中国有能力开发和应用这些技术。在现代生物育种科技革命正在进行的当下，中国需抓住机遇，加快创新步伐，实现种业跨越式发展。

（六）临床医学与健康

临床医学领域包含癌症和心脑血管、呼吸、代谢性疾病等发病机制基础研究，主动健康干预技术研发，再生医学、微生物组、新型治疗等前沿技术研发，重大传染病、重大慢性非传染性疾病防治关键技术研究，等等。

生命健康产业是用之于人、服务于人、最终以人的健康为目的产业的集合。生命健康产业涉及医药产品、医疗器械、医疗服务、保健用品、营养食品、保健器具、中医养生、健康养护、休闲健身、健康管理、健康咨询等多个与人类健康紧密相关的生产和服务领域。

2012年，卫生部发布的《"健康中国2020"战略研究报告》首次提出融合卫生、医疗保障、计划生育、环境保护、体育运动的大健康管理的概念。2013年，国务院发布了《关于促进健康服务业发展的若干意见》，明确提出重点发展医疗服务、健康养老服务、健康保险、中医药医疗保健服务等，对健康服务业形成了明确的指导意见。2014年国家统计局根据国务院的文件精神，对健康服务业进行统计分类，将健康服务业划分为医疗卫生服务、健康管理与促进服务、健康保险和保障服务以及其他与健康相关的服务等四个小类。

（七）深空、深地、深海和极地探测

深空和极地领域包括宇宙起源与演化、透视地球等基础科学研究，火星环绕、小行星巡视等星际探测，新一代重型运载火箭和重复使用航天运输系统、地球深部探测装备、深海运维保障和装备试验船、极地立体观测平台和重型破冰船等研制，探月工程四期、蛟龙探海二期、雪龙探极二期建设。此外还包括空间基础设施体系、星际探测、新一代重型运载火箭和重复使用航天运输系统、探月工程四期、北斗产业化应用等重大航天工程或航天科技的发展应用。

深地领域既包括地球深部的矿物资源、能源资源的勘探开发，也包括城市空间安全利用、减灾防灾等方面的内容，既是解决地学重大基础理论问题的需要，更是保证国家能源资源安全、扩展经济社会发展空间的重大需求。

实施深海探测战略，重点是围绕进入深海—认知深海—探查深海—开发深海这一主线，突破制约深海探测能力的核心关键技术，进军深海科学和技术制高点。要着力提升深海探测的基础理论研究和原始创新能力，形成深海运载探测装备系列化和配套能力，增强深海作业支持能力和深水资源开发能力，带动深海技术与装备的自主产业发展。

二、关键技术领域的产业链协同发展

（一）产业链现状和对外依存度

1. 人工智能

我国人工智能研究起步晚，总体研究水平与发达国家仍存在明显差距。但是，近年来，我国的人工智能迎来了快速发展。2016年5月，国家发展改革委、科技部、工业和信息化部、中央网信办在《"互联网＋"人工智能三年行动实施方案》中提出，到2018年初步建成基础坚实、创新活跃、开放协作、绿色安全的人工智能产业生态，形成千亿级的人工智能市场应用规模。2017年，国务院发布了《新一代人工智能发展规划》，明确了到2020年、2025年和2030年的三个阶段性目标，为我国人工智能的发展提供了政策支持和发展方向。近年来，我国在人工智能领域的研究实力不断增强，取得了一系列创新成果，在自然语言处理、机器学习、深度学习等领域，已经具备世界领先的地位。2021年，我国人工智能产业规模达4 041亿元人民币，产业投融资金额为201.2亿美元，同比增长40.4%[①]。技术突破和相关科技成果的落地使人工智能与实体经济的融合程度进一步深化，为高质量发展注入了强劲动力。

2. 量子信息

随着量子保密通信产业的发展，产业链合作与标准化研究等工作也逐步展开。2015年底，中科院牵头，联合中科大、科大国盾和阿里巴巴等单位，成立了中国量子通信产业联盟，通过整合研发制造和应用服务等各方的优势资源，共同推进量子信息技术与产业的创新和应用。标准是引导和规范产业发展的重要工具，标准化也是产业发展成熟的必经之路。在全球量子通信技术与产业竞争中，标准制定的话语权对于企业生存和产业发展都至关重要。欧洲电信标准化协会于2010年成立量子密钥分发标准组，开始相关标准研究，陆续发布了应用案例、器件接口、安全性证明和光器件特性等七项标准建议。2017年6月，中国通信标准化协会量子通信与信息技术特设任务组成立，下设量子通信工作组和量子信息处理工作组两个工作组，包含36家全权成员单位。特设任务组成立时已经立项并开展两

---

① 人工智能加速赋能实体经济[EB/OL].（2022-09-06）[2022-09-06]. https://www.gov.cn/xinwen/2022-09/06/content_5708434.htm.

项国家标准、一项行业标准和三项研究课题的研究工作,后续将有力支撑我国量子通信技术及产业应用的健康发展。

3. 集成电路

一条完整的集成电路产业链,不仅包括设计、制造和封装测试三个分支产业,还包括集成电路专门设备和专门材料两个相关支撑产业。近年来,在市场自发行为和政府自觉行为的共同作用下,我国集成电路产业在设计、制造和封装测试等各个环节均取得了快速的发展。产业规模不断壮大,围绕市场需求的产品和服务产业链条初步形成,为建立相对自主可控的国产化制造体系奠定了坚实的基础。2011—2017年,我国集成电路制造业呈现快速增长的态势,在集成电路产业中的占比逐渐提高,表明集成电路产业链的结构逐渐向上游扩展,结构趋于优化。但是,在该领域,我国核心技术和核心产品严重依赖进口,贸易逆差规模逐年扩大,自主可控的产业链尚未形成。因此,我国集成电路产业的整体实力较弱,产业规模较小,且产业链的多个关键环节缺失或竞争力较弱。"缺芯少魂"严重地威胁着产业的安全,制约着产业的发展壮大[1]。

当前,世界各国都在争抢集成电路产业的战略制高点。面对我国在集成电路领域的快速崛起,以美国为首的西方国家保持高度警惕,对我国进行封锁和打压,企图将我国集成电路产业链长期锁定在中低端。2017年1月6日,美国总统科技咨询委员会发布《确保美国半导体的长期领导地位》报告,明确将我国列为威胁对象。2018年8月1日,美国商务部在原有《出口管理条例》的实体名单基础上,将中国44家企业(主要是半导

---

[1] 李传志.我国集成电路产业链:国际竞争力、制约因素和发展路径[J].山西财经大学学报,2020,42(4):61-79.

体高端技术研发机构）加入了出口管制的实体名单。2018年下半年，美国商务部将福建晋华（我国正在布局的存储器三大势力之一）列入出口管制名单。2019年5月15日，特朗普签署行政命令，宣告国家进入紧急状态，要求美国企业"不得使用对国家安全构成威胁的企业所生产的电信设备"。上述事件表明，在全球化背景下，看似兴旺的产业可能会因核心技术受制于人而变得不堪一击，当硬件平台和软件平台没有实现自主可控时，就可能被"卡脖子"。

为应对集成电路领域的"卡脖子"问题，我国陆续出台了一系列政策，以鼓励支持我国集成电路产业发展。例如，2020年，我国出台《新时期促进集成电路产业和软件产业高质量发展的若干政策》，从财税、投融资、研发、进出口、人才、知识产权等多个方面扶持和引导集成电路产业的发展。在政策支持下，我国已形成较完整的集成电路产业链，并在部分关键领域取得了突破。

（二）产业链协同发展的瓶颈

第一，原始创新和技术突破能力不足。需要从政府职能转变的角度，为更多的科研人员创造良好环境，提供充足条件，发挥好组织协调作用。另外，在自主权方面，要给予创新领军人才更大的技术路线决定权和经费使用权。

第二，数字化管理人才和应用人才紧缺。在市场快速扩张的趋势下，国内人工智能产业出现高端人才缺口。以机器人产品为例，2014年我国销售的5.6万台机器人中只有1.6万台来自本土供应商，且大部分是低端机器人。麦肯锡全球研究院（MGI）2015年发布的《中国创新的全球效应》报告指出，中国北上广深等主要大城市受住房成本、交通、污染等问题影响，对顶尖创新人才的吸引力远不如世界同类城市。同时，各大城市对海外高层次人才的引进还受到体制机制约束，如政策不够灵活、落实不够全面等。此外，高等院校、科研院所人工智能相关专业设置不足，校企联合人才培养机制还不够成熟。

第三，在技术开发、产品制造、标准制定、知识产权保护和市场准入方面，政府的协调效率需要进一步提高，政府公共数据面向企业开放的程度需要提升，大数据建设力度需要加强。当前，虽然我国企业装备数字化和联网化已具备一定基础，但底层设备和过程控制层的互联互通仍是当前需要突破的重点和难点。中关村信息技术和实体经济融合发展联盟数据显示，2018年我国实现同一层级内部之间互联互通的企业占比约为1/3，实现不同层级之间数据双向联通的企业占比约为1/5。此外，生产控制类软件和系统普及水平不高，高端研发类软件应用普及率低，企业信息共享和集成不足，工业企业电子商务应用多数都是以单一环节为对象，企业内外部业务全面在线协同难度大等也是我国企业数字化转型面临的主要问题。

第四，产业数字化布局和发展不平衡。没有有效促进供应链的整合和完善，不符合国际市场的要求。供应链服务平台在发展过程中关联供应链中的所有环节，但由于受孤岛思维限制，各个环节没有实现有效衔接，不仅限制了平台的商品数量，而且限制了平台的升级步伐。

第五，新业态新模式下的监管有待于创新。随着互联网的不断发展，产业数字化供应链服务平台已基本完善，浏览模式、支付模式、用户安全性都得到了有效发展[①]。产业数字化供应链服务平台需要不断完善，才能

---

① 李永红，黄瑞．我国数字产业化与产业数字化模式的研究［J］．科技管理研究，2019，39(16)：129-134．

符合用户要求，有效提升其服务质量和服务效率。

第六，产业链缺乏统一标准和统筹规划，存在恶性竞争隐患。例如与国际上公认的人工智能产业细分领域不同，我国人工智能产业分类目录尚未建立，缺乏规范统一的统计口径，如基础共性标准、关键技术标准、产品标准和重点应用标准等。国内很多传统制造业和IT行业企业往往借用人工智能之名，但没有提供真正意义上的人工智能产品或服务。因此，要推动关键技术领域产业的健康发展，必须建立统一的标准和平台，明确界定产业内涵，并在关键技术领域建立标准和质量认证机构以规范行业发展，进而提升自主技术标准的国际话语权。同时，关键技术领域成为市场焦点，迎来急速增长，北京、上海、重庆、深圳、南京、西安等地纷纷加大投入并完善相关项目布局。如果不加强顶层设计和引导规划，那么很可能造成短期井喷式发展，产生大量泡沫，形成质低价廉的恶性竞争，重蹈光伏、风电等产业的覆辙。因此，地方政府需要科学制定投资计划，避免密集投资和重复建设。同时，要把握自身优势，形成地方特色和核心竞争力，避免重复建设。

(三) 产业链协同发展的关键点

1. 产业共性技术研发

产业共性技术是指在很多领域已经或未来可能被普遍应用的技术，其研发成果可以被共享并对整个产业或多个产业及其企业产生深度影响[①]。产业共性技术具备准公共产品性质，能够通过关联效应、激励效应与示范效应为一个或多个行业所广泛应用，实现产业共性技术及其研究成果的社

---

① 李纪珍. 产业共性技术供给体系 [M]. 北京：中国金融出版社，2004.

会共享，带动整个产业技术水平的提高。可以说，产业共性技术是产业技术进步和发展的基础，也是提升产业自主创新能力的根本，具有很强的经济带动作用和巨大的社会效益。

产业共性技术是关乎产业发展的关键技术或通用技术，其研发投入多、难度大、风险高、外部性强，单凭企业、大学或科研院所一般难以完成共性技术（尤其是重大关键共性技术）的研发任务。在此情况之下，产学研结合是研发产业共性技术的一种有效组织形式，是供给产业共性技术的重要方式。产学研协同创新能够在有效的制度安排之下实现优势互补、风险共担、收益共享和共同发展，从而达到分散产业共性技术研发风险、缩短研发周期和提高产业共性技术研发能力的目的。

随着技术创新成为商业竞争的关键，越来越多的企业开始追求产业共性技术或前沿技术，使探索性研究与需求导向研究紧密结合，为大学靠近知识前沿的优势与企业贴近市场的优势及系统化资源优势的协同发挥创造了条件。近年来，随着产学研协同创新的逐步深入，不断涌现出产业共性技术研发的有效创新模式。产业共性技术研发组织模式创新对优化科技资源配置、促进科技资源共享、推进科技管理体制深化改革具有重要作用。对这些组织创新模式进行探索和分析，对于促进产业共性技术研发、提升中国产业竞争力和自主创新能力无疑具有重要现实意义。

然而，在产业共性技术的产学研合作创新中，企业、大学和科研院所在组织属性和社会职能等方面存在较大差异。尽管创新主体基于异质性的创新资源易于形成互补性的合作关系，但这种异质性又将导致创新主体的合作动因与行为目标存在冲突，并使得创新主体在合作过程中通常面临共性技术研发还是企业专有技术研发的两难选择[①]。若产学研合作定位目标由产业共性技术层面向企业专有技术层面发生偏移，则依托产学研合作促进产业共性技术创新的政策效应将十分有限。

首先，企业合作研发能够比企业单独研发获得更高的对技术创新的影响效用。产业共性技术创新水平提升的关键是以企业作为产业共性技术创新的主体。由于企业提供产业共性技术研发所需资金，主导着产业共性技术的研发方向，同时也是产业共性技术的主要需求方，因此产业共性技术的高效研发就需要企业提高主动性，在开展产学研合作的情况下，大力投入自身的吸收能力建设，将知识创造视为塑造其核心竞争力的关键，并真正成为创新的主体。

其次，产学研合作对自身共性程度较低技术领域的影响作用明显高于其余共性程度的技术领域，因此在进行产业共性技术研发创新的时候，也需要考虑技术领域特性的影响，鼓励产学研各方根据技术领域特性选择合适的合作伙伴。

再次，通过技术联盟、委托开发、项目招标、共建实体、联合培养人才等多种形式，推进产学研从以技术要素为基础的单一合作转向以人才和资本为基础的多要素、多样化的合作。通过采取股份制、会员制、理事会等多种运作形式，拓展产学研合作范围，鼓励产学研各方进行广泛的交流与合作。

最后，上述产学研合作创新效应的区域差异，表明产学研合作创新政策的制定应考虑政策实施的情景差异。尤其是对于中国而言，当前依托产

---

① 刘伟，邓鳞波. 共性技术 VS 专用性技术：基于三阶段非合作博弈的供应商研发决策[J]. 管理工程学报，2012，25（4）：158-162，221.

学研合作促进产业共性技术创新的政策效果不佳，需要依据研发的外部环境特点进行相应的政策调整，并对产学研合作的体制机制进行创新。

产业共性技术发展对中国产业发展的意义十分重大，而我国的研发环境还有诸多问题亟待解决。第一，传统的大院大所在转制改革后，相当多数是面向市场竞争的营利主体；第二，我国的市场经济处于转轨期，企业或者产学研的合作文化存在欠缺，而且现有知识产权的保护机制相当大程度上也不利于共性技术研发的合作；第三，我国绝大多数企业的研究开发能力还很弱，无法像发达国家的大企业那样去独立进行产业共性技术的研发[1]。产业共性技术的复杂性和准公共品性质以及产学研合作创新的困境，决定了政府支持产业共性技术研发的必要性。

首先，政府可以直接制定相关的共性技术科技计划。如美国政府支持企业创造和应用共性技术及其研究成果，使重大的新的科学发现和技术能迅速商业化，并提升制造技术；或者通过补贴和合作协议的方式，加速各种竞争前共性技术的开发，以帮助企业提高其竞争地位，促进经济增长。

其次，一定数量的产业共性技术供给和扩散机构必不可缺。纵观世界各个典型市场经济国家，在存在企业这个技术开发主体的同时，都绝无例外地存在强有力的技术开发的辅体，即高等院校从事技术开发的科研力量和少数精干的从事基础技术、共性技术和社会公益技术研究的由政府直接控制的研究机构。这些国家层次的产业研发部门有一支稳定执行政府科技职能和任务的队伍。这支队伍从事与产业共性技术相关的研发活动，并成为国家研究开发体系中不可或缺的一个部分。

---

[1] 李纪珍. 产业共性技术：概念、分类与制度供给 [J]. 中国科技论坛, 2006 (3): 45-47, 55.

再次，从政府作用来看，政府在共性技术供给过程中要同时解决市场失灵和组织失灵的问题。一则，政府需要制定相关的政策，特别是知识产权方面的政策，通过多种途径（如补贴、减免税收、制定合作框架）促进产业共性技术的研发合作，减少合作的交易费用，并对参与经济主体进行约束、激励、协调等。二则，政府需要对产业共性技术的供给组织进行有效的管理，或者直接由政府牵头组织攻关，或者由已有的国家工程中心和行业共性技术基地等机构完成，或者由大学或非营利机构承担，或者组织企业形成技术联合体，或者扶持大企业，等等。此外，政府对共性技术的扩散及其转化也应当介入，以便企业能以低价获取共性技术，特别是工艺共性技术。

最后，从长远来看，共性技术与企业利益结合才是真正的必由之路。这些企业或者是专门提供共性技术的企业（国内已经有部分这类企业存在），或者是在某一个时期愿意投资共性技术的研究开发的普通企业。比如，以转制后的我国产业院所来说，它们与普通企业的根本区别就在于其能提供共性技术。这意味着，作为市场竞争的主体，一定数量的、研发能力突出的部分转制院所不应该放弃共性技术，因为无论转制与否，它们最能凭以在激烈竞争的国内、国际市场上立足的技术优势，就是普通企业所没有的共性技术优势。

2. 推动区域内产业链发展

从区域发展角度来看，随着中国社会主义市场经济体制的逐步完善和改革开放的不断推进，区域产业聚集现象日趋明显，很多地方形成了产业特色。同时，由于地方资源禀赋存在差异，不同地方形成了各具特色的地方发展模式，而共性技术研发组织模式应当与区域发展相适应。此外，现有的经验证据表明，在高技术产业聚集对技术创新的影响及区域比较方面，区域内高技术产业聚集水平越高，就越有利于促进技术创新的产生和促进技术创新的扩散[①]。较高的产业聚集水平和成熟的产业链，将有利于区域内产业发展并促进产业共性技术研发。

在理论上，地区产业链竞争力的形成有三个源泉。一是与地区产业链的分工程度有关的生产率，而这里的分工程度受地区的市场规模和联结密度的影响。二是与地区所形成的产业链治理模式有关的组织效率。根据微观组织模式中的网络集中趋势和政府对产业链经济活动在空间聚集的干预程度，有三种产业链的治理模式，分别是垂直网络组织模式、共享治理模式、行政治理模式。三是与在空间聚集的产业结构的相关多样性有关的结构效率或知识溢出的效果。在实证上，产业链上产业结构的相关多样性、微观组织模式和空间聚集状态以及产业链分工程度对地区产业链竞争力均有显著影响。其中，产业链分工程度受市场规模和联结密度变化程度的影响，而且市场规模与联结密度的高协同性对产业链分工程度的提高有显著的积极影响。产业链的相关多样性结构对产业链治理机制的变迁而言具有先导性和主导性。

地区经济发展的治理，应从产业链的视角来深入思考，而不应仅仅考虑单一产业。在这个思维下，可以从两个角度进行考虑：一是地区与地区之间的协调；二是产业链竞争力的整体提升。例如，我国光伏产业链上下游之间的政策协调存在严重不足。政策设计应以光伏产业完整产业链的各个环节为着力点，以不同类型的政策手段为出发点。对于政府在经济发展

---

① 杨浩昌，李廉水，刘军. 高技术产业聚集对技术创新的影响及区域比较［J］. 科学学研究，2016，34（2）：212-219.

中的角色，不能一概而论，而应有地区差异，这种差异不完全以地区的资源禀赋来考量，而应考虑到当地产业在本地或所在区域形成的产业活动的组织模式。如果区域的产业链采取的是垂直网络组织模式，则政府可降低对企业活动的干预程度，将精力放在增强企业与企业之间、地区与地区之间以及地区与全球之间的联结性上。地区经济持续增长的核心基础是产业链的分工程度，而在产业链分工程度的影响因素中，地方政府可以对地区的联结密度和联结方式进行干预，以促进地区经济的发展。而增加联结密度的出发点是，有助于增强企业或本地区在全球交易中的交换力量。

地方政府对产业的选择和定位，应以产业结构的相关多样性为原则，这不仅是因为产业链的相关多样性结构对地区产业链竞争力有显著的积极影响，更是因为产业链的相关多样性结构的变迁对产业链的治理机制的变迁而言具有先导性和主导性。而且当今任何产品的发展都依赖于其形成的价值链及其所属的产业链发展。一个地区的企业向价值链高端攀升的一条可能的途径是从价值链所嵌入的产业链结构变迁着手。

区域科技创新平台是区域创新体系建设的一项基础性工程，它所体现的创新能力本质上是一种基于平台网络的集成创新优势，将直接推动并加速区域科技创新与经济社会的发展[①]。区域科技创新平台体系是区域科技创新的核心力量和有效支撑，是实现区域科技创新资源有效整合的最佳途径。它可为科技企业提供专业的技术服务支持，接受企业横向研究委托与中试，促进区域科技创新成果的推广与交易，对行业发展动态进行数据积

---

① 孙庆. 区域科技创新平台网络化演进过程及机制研究［J］. 中国科技论坛，2012（1）：96-101.

累和分析，提供行业咨询与远程诊断服务，为区域政府部门制定行业政策提供决策依据，为产学研合作牵线搭桥，发挥产业聚集作用，促进行业企业之间的沟通与交流，承担国家及区域重大重点科技计划项目研究，培养科技创新创业人才，承担产业前瞻性与公共性研究和部分行业标准制定任务，并孵化科技创新企业。

第三章

以新型举国体制强化国家战略科技力量

"十三五"期间,我国科技创新实现量质齐升,创新型国家建设取得重大进展。然而,在一些关键核心技术领域仍被"卡脖子",发生了诸如"中国芯"之痛之类的事件。习近平总书记指出,"关键核心技术是要不来、买不来、讨不来的。只有把关键核心技术掌握在自己手中,才能从根本上保障国家经济安全、国防安全和其他安全"①。

应对挑战,我们的一个制胜法宝就是举国体制。有关举国体制的解读虽不尽相同②,但普遍会联系到"集中力量办大事"。习近平总书记强调,"我们最大的优势是我国社会主义制度能够集中力量办大事。这是我们成就事业的重要法宝。过去我们取得重大科技突破依靠这一法宝,今天我们推进科技创新跨越也要依靠这一法宝,形成社会主义市场经济条件下集中力量办大事的新机制"③。举国体制在现代有其深刻含义,其思想在我国也有历史渊源,植根于我们历史悠久的文明传统之中④。

新一轮科技革命和产业变革方兴未艾,以美国为首的发达国家对我国科技领域进行全面封锁,我们必须掌握关键核心技术,强化国家战略科技力量。新型举国体制是有效强化国家战略科技力量的一种方式,必须发挥其优势作用。基于此,"十四五"规划提出要健全社会主义市场经济条件下新型举国体制。

---

① 习近平:在中国科学院第十九次院士大会、中国工程院第十四次院士大会上的讲话[EB/OL].(2018-05-28)[2018-05-28]. http://jhsjk.people.cn/article/30019215.

② 胡小明."举国体制"的改革[J].体育学刊,2002(1):1-3;钟书华.论科技举国体制[J].科学学研究,2009,27(12):1785-1792.

③ 习近平:为建设世界科技强国而奋斗[EB/OL].(2016-05-30)[2016-05-31]. http://jhsjk.people.cn/article/28399667.

④ 谢茂松,牟坚.文明史视野中的70年[J].开放时代,2019(5):13-33,5.

第一节
传统举国体制的问题和弊端

虽然关于举国体制的解读存在差异，但核心都是一致的，即其是以国家利益为最高目标的一种特殊的国家行政管理体制和运行机制。面对新中国成立初期人才短缺、资源匮乏、资金不足的情况，我国制定了《1956—1967年科学技术发展远景规划纲要（修正草案）》，为传统举国体制的形成奠定了基础。在党的坚强领导下，我国坚持以人民为中心，充分发挥社会主义集中力量办大事的制度优势，集中人力、物力、财力进行重点关键领域科技攻关，成功研制出"两弹一星"，建立了独立的比较完整的工业体系。这就是传统意义上的举国体制，其为推动中国发展做出了历史性的贡献。

传统举国体制的成功离不开党组织的统筹协调，也离不开政府的政策引导，充分彰显了社会主义的制度优势。虽然这一体制为当时"一穷二白"的新中国的崛起找到了一条最简单便捷并具有实效性的途径，但其缺点就是资源太过于集中、管理容易僵化。随着时代和经济社会的发展变化，传统举国体制的弊端越发明显地暴露出来。

一、行政化主导的传统举国体制

形成和发展于计划经济时期的传统举国体制是"全国一盘棋"的计划体制,因此其管理手段、运行机制带有浓重的政府色彩。为了在较短时期内迅速提升我国的科技能力,我国以政府为主导,用行政手段管理并采用计划的手段进行资源配置,形成了这种行政管理统一、单一垂直体系的传统举国体制。在政府主导的传统举国体制下,市场的作用无法得到充分发挥,微观主体活力受到抑制。此外,传统举国体制因为过于强调国家的意志、依赖政府和人为规划而不可避免地会产生官僚化问题,故该体制难以根据形势的变化进行灵活调整,最终陷于僵化状态。

嫦娥工程、北斗三号全球卫星导航系统、天宫空间站等诸多成果都彰显了我国在基础前沿和战略技术领域取得的辉煌成就,但是我国基础研究经费投入力度不足也是不争的事实。由图3-1可知,我国基础研究经费投入占全国研发经费投入比重常年维持在5%左右的水平,直至2019年才堪堪突破6%大关,这与发达国家每年15%~20%的水平相去甚远。此外,我国的基础研究市场化导向不强,最明显地体现在基础研究经费投入主体的构成上。美国基础研究经费投入主体多元化,政府、企业、社会力量都会参与,其中企业基础研究投入经费占基础研究经费总投入比重在20%~30%[1]。我国基础研究经费投入则主要依赖政府,企业参与很少。由图3-2可知,企业基础研究经费投入占全国基础研究经费总投入比重在2015年之前不足2%,最高也不超过4%,企业基础研究经费投入占企业研发经

---

[1] 王炼. 美国企业基础研究投入情况分析 [J]. 全球科技经济瞭望, 2018, 33 (Z1): 59-64.

费总投入比重最高才达到 0.3%。

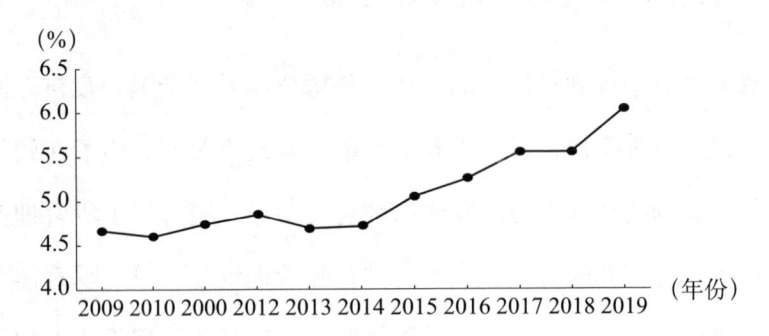

图 3-1 基础研究经费投入占全国研发经费投入比重

资料来源：历年《中国科技统计年鉴》。

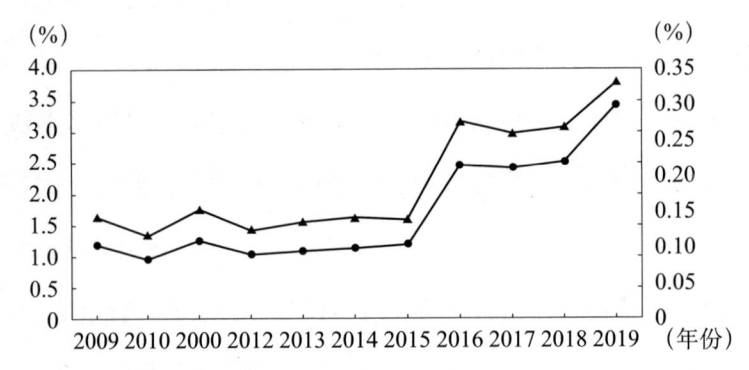

图 3-2 企业基础研究经费投入比重趋势图
— ▲ — 企业基础研究经费投入占全国基础研究经费总投入比重（左轴）
— ● — 企业基础研究经费投入占企业研发经费总投入比重（右轴）

资料来源：历年《中国科技统计年鉴》。

二、产业扶持政策下的低水平重复建设

早在 20 世纪 50 年代，美国率先设立了硅谷高科技产业园区，极大地助推了美国的科技发展，对美国经济发展起到了引擎作用。之后，英国剑桥科技园、德国慕尼黑科技园、韩国大德科技园、日本筑波科学城等也都

取得了巨大成功，成为世界著名的高科技产业园区。这些国家的科技和经济发展与政府产业政策的扶持密切相关，学者的研究也充分肯定了政府干预经济和产业发展的必要性[①]。

为了在科技领域争取一席之地，不被世界淘汰，很多发展中国家纷纷采取产业扶持政策，设立高科技产业园区，我国也不例外。屈文建等人梳理了我国从1978年到2018年的高技术产业政策文本，发现有效文本多达199件，涉及颁布部委39家，其中以国务院发文为最[②]。1988年，我国就开始实施"火炬计划"，积极建设高新技术产业开发区（以下简称"高新区"），推动高新技术产业发展。从图3-3可知，1995—2019年高新区和园区内入统企业数量迅速增长。在1995年，国家高新区数量仅为52个，2010年开始迅速增长，2019年高新区数量已经达到169个，分布在30个省（区、市），其中，北京中关村高新区表现颇为亮眼，对其他高新区的发展起到了模范带头作用。园区入统企业数量也从1995年的1.30万家增长到2019年的14.11万家。经过多年的发展，高新区已经成为我国实施创新驱动发展战略的重要载体，走出了一条具有中国特色的高新技术产业化道路[③]。《国家高新区创新能力评价报告（2020）》数据显示，以2010年为基期，到2019年高新区创新指数提升了226.4点，平均每年增长25.2点，而且创新能力的五个分项指数均创历史新高。从图3-4可知，在推动经济增长方面，国家高新

---

① AMSDEN A H. Asia's next giant South Korea and late industrialization [M]. New York: Oxford University Press, 1989; PACK H, WESTPHAL L E. Industrial strategy and technological change theory versus reality [J]. Journal of development economics, 1986, 22 (1): 87 - 128.

② 屈文建, 唐晶, 陈旦芝. 高新技术产业政策特征及演进趋势研究 [J]. 科技进步与对策, 2019, 36 (3): 61 - 69.

③ 国务院关于促进国家高新技术产业开发区高质量发展的若干意见: 国发 [2005] 7号 [A/OL]. (2020 - 07 - 13) [2020 - 07 - 17]. http://www.gov.cn/zhengce/content/2020 - 07/17/content_5527765.htm.

技术园区亦成效显著，园区内企业营业收入和净利润从1995年的0.15万亿元、0.01万亿元增长到了2019年的38.55万亿元、2.61万亿元。

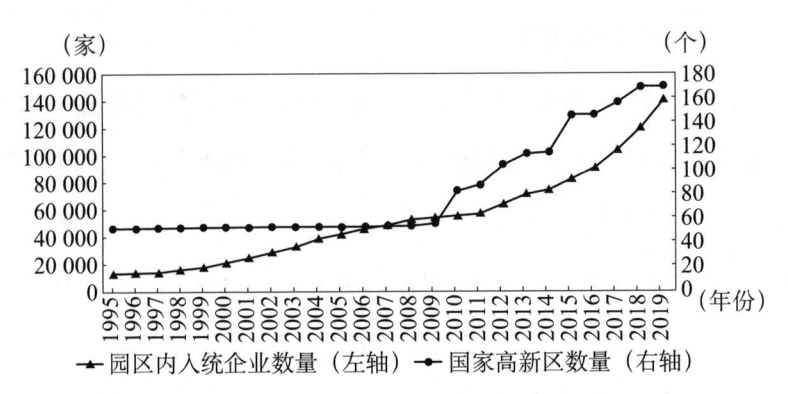

图3-3 1995—2019年高新区和园区内入统企业数量走势图

资料来源：历年《中国火炬统计年鉴》。

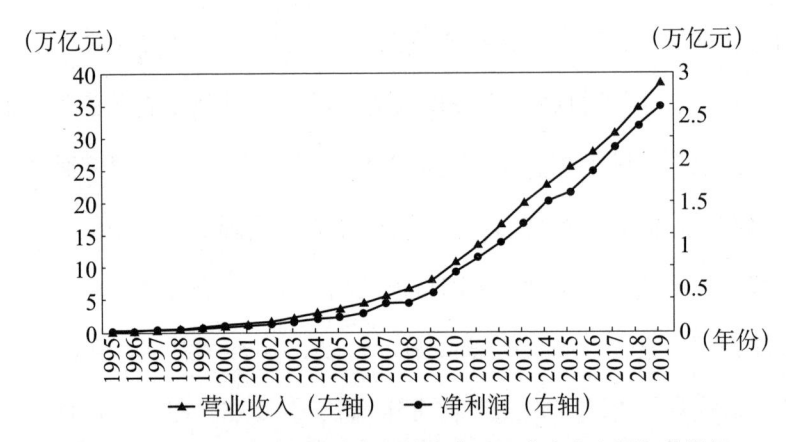

图3-4 1995—2019年国家高新技术产业开发企业主要经营指标

资料来源：历年《中国火炬统计年鉴》。

高新区和高技术产业政策对推动科技与经济一体化发展的作用毋庸置疑。有学者论证了政府政策的重要性和必要性[1]，且有研究已经证实了我

---

[1] AGHION P, CAI J, DEWATRIPONT M, et al. Industrial policy and competition [J]. American economic journal: macroeconomics, 2015, 7 (4): 1-32; STERNBERG R. Reasons for the genesis of high-tech regions theoretical explanation and empirical evidence [J]. Geoforum, 1996, 27 (2): 205-223.

国产业政策有助于提升生产率[1]。但是我们也要正视如今存在的高新园区同质化、产业政策低效、低水平重复建设、产能过剩等问题。"中国芯"之痛事件给我们敲响警钟，地方政府纷纷投资助推芯片发展，但是不久后江苏、四川、湖北、贵州、陕西等5省的6个百亿级半导体大项目先后停摆，给我们的"中国芯"又一重大打击。国家工商信息统计数据显示，2015年以来，我国芯片相关企业注册量年均增速达到30%以上，以至于2020年新增芯片相关企业超过6万家。在如此快速发展的背后，我们必须警惕产业扶持政策下的高新技术产业的低水平重复建设和低端产能过剩问题。

产业政策的有效性不仅在国外学界受到了质疑[2]，在国内也引发了争论。重复建设更是我国经济运行中长期存在的热点和难点问题，从冰箱、彩电到钢铁、汽车，再到新材料、新能源和芯片等，一轮又一轮的重复建设轮番上演。关于重复建设和产能过剩，学术界存在不同的解读，重复建设和产能过剩总是相伴而生，成因复杂。国内学者分别从潮涌现象、技术进步、补贴性竞争、限制竞争、政商关系等多个角度分析了产业政策下的重复建设和产能过剩问题[3]，而且有学者发现产业政策和产能过剩有双向交互影响的作用[4]。一则，由于高新技术产业政策具有强烈的政府干预特征，

---

[1] 宋凌云，王贤彬. 重点产业政策、资源重置与产业生产率 [J]. 管理世界，2013 (12)：63-77.

[2] ÅHMAN M. Government policy and the development of electric vehicles in Japan [J]. Energy policy，2006，34 (4)：433-443；KRUEGER A O. Political economy of policy reform in developing countries [M]. Cambridge：MIT，1993.

[3] 侯方宇，杨瑞龙. 新型政商关系、产业政策与投资"潮涌现象"治理 [J]. 中国工业经济，2018 (5)：62-79；江飞涛，李晓萍. 直接干预市场与限制竞争：中国产业政策的取向与根本缺陷 [J]. 中国工业经济，2010 (9)：26-36；江飞涛，耿强，吕大国，等. 地区竞争、体制扭曲与产能过剩的形成机理 [J]. 中国工业经济，2012 (6)：44-56；王立国，高越青. 基于技术进步视角的产能过剩问题研究 [J]. 财经问题研究，2012 (2)：26-32；林毅夫，巫和懋，邢亦青. "潮涌现象"与产能过剩的形成机制 [J]. 经济研究，2010，45 (10)：4-19.

[4] 王立国. 重复建设与产能过剩的双向交互机制研究 [J]. 企业经济，2010 (6)：5-9.

因此我们需要重点关注政府行为导致的高新技术产业低水平重复建设和低端产能过剩问题[①]。二则，由于地方政府考核体系不健全，在地方政府官员"晋升锦标赛"制度下[②]，地方政府易产生"唯 GDP 论"。各地纷纷出台政策扶持高新技术产业，将其视为弯道超车的途径，对高新技术产业项目一哄而上，盲目跟风投资。然而，因很多关键技术和核心设备依赖进口，地方政府又急功近利，便在非核心产业链上进行无谓的低水平恶性竞争，最终导致低水平重复建设和低端产能过剩。在财政分权体制下，地方政府承担了更多的经济责任，追逐经济利益的积极性空前提高，这也会导致地方政府不考虑自身情况，使这一现象愈演愈烈。此外，地方政府存在的产权模糊、资金管理体系不健全、投资约束机制缺乏等问题，也会变相鼓励地方政府盲目进行低水平投资。由于市场的行政化分割，地方政府具有地方保护倾向，使优胜劣汰机制无法得到发挥，低水平重复建设和低端产能过剩问题陷入僵局。

三、企业甄别问题

在推动高新技术产业发展方面，政府起着至关重要的作用。由于高新技术研发具有成本投入巨大、市场不确定性高和外部性强等特征，因此各国政府需要普遍通过补贴性政策激励企业进行研发投资，扶持新兴产业的发展[③]。

[①] 江飞涛，曹建海．市场失灵还是体制扭曲：重复建设形成机理研究中的争论、缺陷与新进展 [J]．中国工业经济，2009 (1)：53-64；皮建才．中国地方重复建设的内在机制研究 [J]．经济理论与经济管理，2008 (4)：61-64．

[②] 周黎安．中国地方官员的晋升锦标赛模式研究 [J]．经济研究，2007 (7)：36-50．

[③] SIERZCHULA W, BAKKER S, MAAT K, et al. The influence of financial incentives and other socio-economic factors on electric vehicle adoption [J]. Energy policy, 2014, 68：183-194；TASSEY G. Policy issues for R&D investment in a knowledge-based economy [J]. Journal of technology transfer, 2004, 29 (2)：153-185；王海啸，缪小明．我国新能源汽车研发补贴的博弈研究 [J]．软科学，2013，27 (6)：29-32；张国兴，张绪涛，程素杰，等．节能减排补贴政策下的企业与政府信号博弈模型 [J]．中国管理科学，2013，21 (4)：129-136．

我国典型的补贴方式就是对高新技术企业进行财政补贴和税收减免。

从20世纪90年代政府就开始出台高新技术企业资格认证政策，并在2008年制定和2016年修订《高新技术企业认定管理办法》，鼓励大中小型企业积极申请高新技术企业认定，推动高新技术产业发展。部分学者认为高新技术企业资格认证政策能够促进民营企业提高创新研发投入，激励企业进行创新[1]。但还有部分学者认为企业可能会主动迎合政策，不利于政策效果发挥[2]。尽管有这些争议，我国的高新技术产业一直在不断向前发展。图3-5显示，截至2019年，我国高新技术企业数量已经达到21.85万家。图3-6显示，高新技术企业营业收入和净利润分别从1996年的0.4万亿元和0.03万亿元增长到了2019年的45.1万亿元和2.73万亿元。

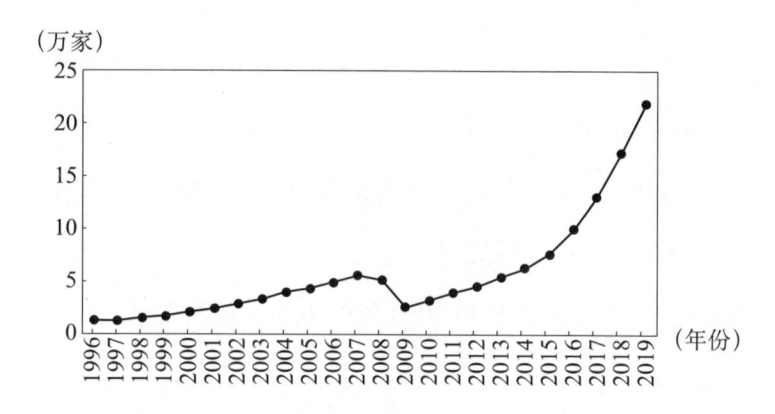

图3-5 1996—2019年中国高新技术企业数量

资料来源：历年《中国火炬统计年鉴》。

---

[1] 孙刚，孙红，朱凯. 高科技资质认定与上市企业创新治理 [J]. 财经研究，2016，42 (1)：30-39；许玲玲. 高新技术企业认定、政治关联与民营企业技术创新 [J]. 管理评论，2017，29 (9)：84-94.

[2] 黎文靖，郑曼妮. 实质性创新还是策略性创新？宏观产业政策对微观企业创新的影响 [J]. 经济研究，2016，51 (4)：60-73；邱洋冬，陶锋. 高新技术企业资质认定政策的有效性评估 [J]. 经济学动态，2021 (2)：16-31；赵璨，王竹泉，杨德明，等. 企业迎合行为与政府补贴绩效研究：基于企业不同盈利状况的分析 [J]. 中国工业经济，2015 (7)：130-145.

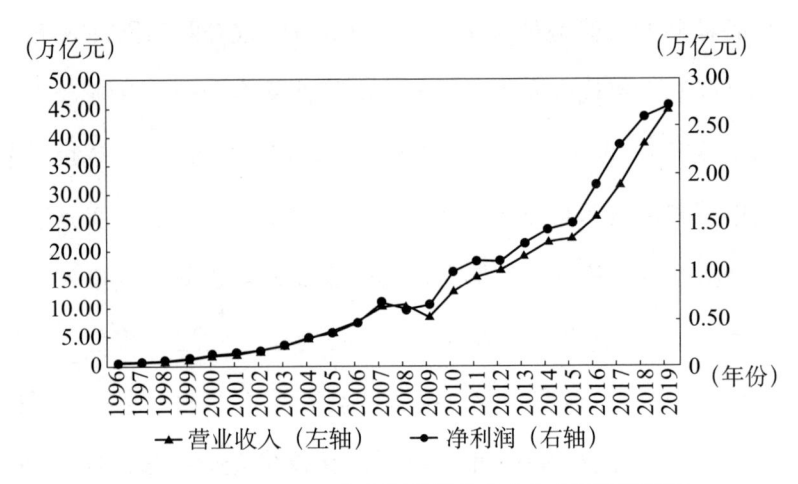

图 3-6　1996—2019 年中国高新技术企业主要经营指标

资料来源：历年《中国火炬统计年鉴》。

虽然高新技术产业的迅速发展和崛起离不开政府补贴政策的激励引导，但是在实践上还存在很多问题，若不予以重视，则最终结果可能会与政府推动高新技术产业发展的初衷背道而驰。例如，为了大力扶持新能源产业发展，政府 2010 年开始对生产符合相关条件的新能源汽车企业进行补贴。在政府扶持之下，新能源汽车产业发展迅速，新能源汽车年产量已经从 2009 年的 0.52 万辆增长到 2020 年的 145.6 万辆（见图 3-7）。然而，在如此繁荣发展的数据背后，存在着企业通过伪造高新技术企业资质、虚报未生产车辆、生产不合要求产品、电池拆装后重复利用申请补贴、获得巨额补贴后将车辆闲置等一系列操作花式骗补的行为。在频繁发生的骗补事件中最让人印象深刻的莫过于 2016 年发生的新能源汽车"骗补门"。2016 年，财政部、工信部、科技部、国家发展改革委对 93 家企业进行了排查，发现其中 72 家存在骗补行为，骗补车辆达 7.6 万辆，金额达 92 亿元。其中，仅苏州吉姆西、苏州金龙、深圳五洲龙、奇瑞万达贵州客车、河南少林客车5家就涉嫌骗补金额10亿元[①]。此次骗补调查涉及企业数量之多、涉嫌骗补金额之大令人瞠目结舌。

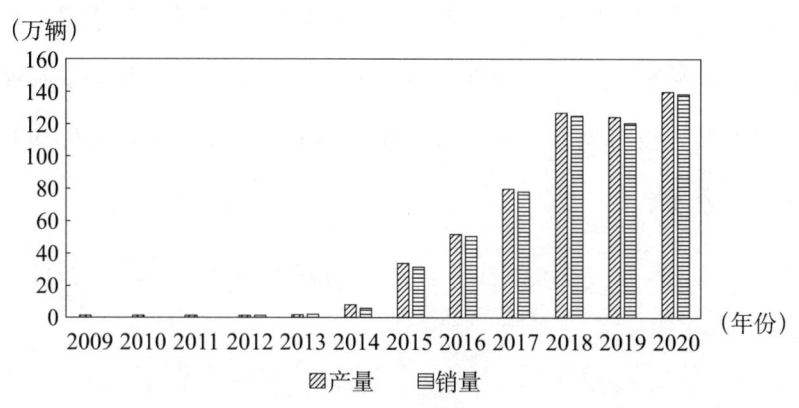

图3-7 2009—2020年新能源汽车产销量数据

资料来源：中国汽车工业协会。

为什么出现如此疯狂的现象？查阅政府2010年发布的《关于印发〈"节能产品惠民工程"节能汽车（1.6升及以下乘用车）推广实施细则〉的通知》可以发现，政府补贴力度不可谓不大，其中纯电动乘用车每辆最高可补贴6万元。不仅中央政府给予相应的补贴，而且地方政府也会按照1∶1的额度给予补贴。数据显示，截至2015年底，中央财政累计补助了334.35亿元。在如此之大的补贴力度下，企业能够以零成本甚至负成本生产新能源汽车。在国家高新技术巨额补贴利益驱动下，有些企业肯定会出现"策略性创新"行为[②]，追求创新速度而忽略创新质量。更有甚者，有的企业为了谋取税收优惠和补贴，不惜伪造高新技术企业资质，进行研发

[①] 关于地方预决算公开和新能源汽车推广应用补助资金专项检查的通报[EB/OL]．(2016-09-08)[2016-09-09]. http://dl.mof.gov.cn/tongzhitonggao/201609/t20160909_2414045.htm.

[②] 黎文靖，郑曼妮．实质性创新还是策略性创新？：宏观产业政策对微观企业创新的影响[J]．经济研究，2016，51（4）：60-73．

操纵，违反相关法律法规[①]。此外，部分地区存在企业准入门槛低、政府监管力度不足问题，也导致骗补事件频频发生。所幸政府已经意识到这些问题，开始不断根据实际情况采取一系列措施进行调整，如提高企业准入门槛、加强补贴审核、补贴额度逐步收紧等。比如，2021年新能源乘用车只有中央补贴，没有地方补贴，其中纯电动乘用车每辆最高补贴也从6万元降至1.8万元[②]。

第二节

新型举国体制的特点与需要解决的关键问题

举国体制不仅有其理论依据，而且是经过实践检验的一个具有独特竞争优势的管理体制和运行机制。运用举国体制的优势推动科技创新是新中国成立以来我们的宝贵经验，在科技创新领域取得了举世瞩目的成就，如"两弹一星"、嫦娥工程等。我国在特高压、高铁建设等领域已经领先世界，但是在半导体、精密制造等领域依然落后，还处于"跟跑"状态，在

[①] 万源星，许永斌. 高新认定办法、研发操纵与企业技术创新效率[J]. 科研管理，2019，40(4)：54-62；杨国超，刘静，廉鹏，等. 减税激励、研发操纵与研发绩效[J]. 经济研究，2017，52(8)：110-124.

[②] 关于进一步完善新能源汽车推广应用财政补贴政策的通知：财建［2020］593号［A/OL］.(2020-12-31)［2020-12-31］. http://www.gov.cn/zhengce/zhengceku/2020-12/31/content_5575906.htm.

其他很多高新技术领域也依然受制于人。日益激烈的现代科技竞争越来越需要整合资源进行协同创新，创新涉及范围广、周期长、风险高、不确定性强、投入大等特征越发突出，传统举国体制已不适应如今的社会经济环境。因此，我们必须坚持党的领导，坚持政府主导、统筹，始终坚持以人民为中心，健全完善社会主义市场经济条件下的新型举国体制，充分发挥中国特色社会主义制度的优越性。

一、新型举国体制与传统举国体制的主要区别

进入新时代，新型举国体制也有了新的内涵和时代使命，新型举国体制与传统举国体制的区别主要体现为其更加重视市场和政府作用、目标实现和经济效益、技术链和价值链、制度设计、协同创新、与全球化紧密联系、与数字文明相结合[①]。

第一，新型举国体制更加重视市场和政府作用。在传统举国体制下，政府直接参与管理，通过行政干预方式配置资源，最终导致经济效益低下，不利于调动市场参与主体的积极性。新型举国体制是在中国特色社会主义市场经济条件下发展起来的，既重视政府的作用又重视市场的作用，两者相互补充、相互促进。新型举国体制重视市场规律，让市场在资源配置上起决定性作用，运用市场价格机制、激励机制等维护和激发各类创新主体的活力。同时，切实转变政府职能，更好发挥有为政府的作用，通过政府的引导解决市场难以解决的跨学科、跨部门、跨领域等资源整合的问

---

① 何虎生. 内涵、优势、意义：论新型举国体制的三个维度［J］. 人民论坛，2019（32）：56-59；李哲，苏楠. 社会主义市场经济条件下科技创新的新型举国体制研究［J］. 中国科技论坛，2014（2）：5-10；任平. 新型举国体制助力重大科技创新［N］. 人民日报，2016-01-26（7）；谢茂松，牟坚. 文明史视野中的70年［J］. 开放时代，2019（5）：13-33，5.

题。尤其是在国家重大战略需求领域，政府必须贯彻国家意志，制定相关的政策进行引导，统筹、协调各方资源，实现国家战略利益。

第二，新型举国体制更加重视目标实现和经济效益。传统举国体制投资主体仅为政府，更重视科技目标实现，目标比较单一，不直接面向市场，科技成果转化率和经济效益低下。新型举国体制下，政府并不是唯一的投资主体，还会吸引企业、大学、科研院所等其他投资主体，既注重科技目标的实现，又注重技术的前景和经济效益。在保证关键核心技术发展的同时，新型举国体制会考虑投入产出效益，利用市场协调主体之间合理的利益分配机制，达到目标实现和经济效益的融合发展。

第三，新型举国体制更加重视技术链和价值链。传统举国体制以实现科技目标为导向，更重视科技发展本身，更注重科技成果和技术链的提升，忽略了科技成果的转化和市场效益，忽略了价值链。新型举国体制既注重技术的市场前景，又注重实际应用，重视科技成果的市场表现和利益实现及分配，兼顾技术链和价值链的提升。全球四大卫星系统之一的北斗三号全球卫星导航系统是新型举国体制的生动实践，其广泛应用于交通、电力、通信等领域，产生了巨大的经济社会效益。数据显示，2020年我国卫星导航与位置服务产业总产值达4 033亿元人民币，较2019年增长约16.9%[①]。

第四，新型举国体制更加注重制度设计。在运行机制上，不同于传统举国体制主要依靠行政化命令的运行模式，新型举国体制建立跨部门、跨学科、跨领域的协同机制，引入市场机制，完善决策机制、责任机制、激

---

① 中位协发布《2021中国卫星导航与位置服务产业发展白皮书》[EB/OL]．(2021-05-18)[2021-05-18]．http://www.glac.org.cn/index.php?m=content&c=index&a=show&catid=1&id=7962．

励机制、进入退出机制、信息共享机制等。在管理机制上，不同于传统举国体制的政府大包大揽和项目一次性管理，新型举国体制引入科学动态的项目管理体系和监督管理体系，在坚持党的领导和政府主导的情况下，充分发挥市场、社会组织、公民等的作用。

第五，新型举国体制更加注重协同创新。在单一的公有制基础上，传统举国体制组织管理体系高度集中，不利于调动企业这一创新主体的积极性，容易僵化。在公有制为主体、多种所有制经济共同发展这一基础上，新型举国体制坚持党的领导和政府主导，充分调动各类创新主体积极性，形成了政产学研用协同创新模式。在这一模式下，政府、企业、大学、科研院所以及用户根据自身功能定位，充分利用各方优势资源，形成功能互补、深度融合、完备高效的协同创新发展新格局。

第六，新型举国体制更加注重与全球化紧密联系。在经济全球化背景下，我国坚持对外开放，积极主动融入国际创新体系，充分利用国内国际平台、资源、市场，深入开展国际交流合作。全球化不可避免地会带来相应的挑战，新型举国体制能够发挥集中力量办大事的体制优势，有助于我们更好地承受、应对、化解全球化挑战。运用新型举国体制，我国迅速并成功地应对了 2008 年国际金融危机和 2020 年新冠疫情的挑战。

第七，新型举国体制更加注重与数字文明相结合。在工业文明时期，我国运用传统举国体制奋起直追，不断缩小与发达国家存在的巨大差距。当今世界数字化高度发展，在数字文明上，中国已经大幅缩小了和发达国家的差距，甚至在有些领域实现了"并跑""领跑"。与数字化相结合，新型举国体制迸发出前所未有的活力，更有助于国家治理精细化，攻破关键核心技术，应对"卡脖子"难题。数字技术在病毒溯源、病例追踪、防疫物资等方面为我国抗击新冠疫情提供了强大支撑。然而，数字化和全球化正逐步形成叠加效应，容易引发重大系统性风险。防范化解重大系统性风险，要坚持总体国家安全观，坚持对外开放，充分发挥新型举国体制的内在优势。

二、新的协同创新主体结构

随着科技创新的高复杂性和高风险性不断升级，现代科技创新活动越来越依赖创新主体之间的协同和合作。协同创新作为一种能够有效整合资源的新型创新模式，已经成为当今世界科技创新活动的新趋势和创新理论研究的新焦点。当前，我国科技与经济"两张皮"现象依然明显，存在科研成果转化率低的问题。作为解决问题的途径之一，协同创新被寄予厚望。有学者讨论了协同创新的理论框架和内涵，探索了产学研结合的创新体系、政产学研协同创新"四轮驱动"结构、政产学研用"五位一体"的协同创新模式。根据学者们的研究，政产学研用"五位一体"的协同创新模式即指政府、企业、大学、科研院所以及用户在创新体系中上下协同发挥各自的优势作用，形成科学且有效的创新组织体系[1]。

"政"指政府，是引导者和推动者。企业、大学和科研院所隶属于不同的系统，天然存在一定的合作障碍，因此必须充分发挥政府的引导和协调作用，利用新型举国体制优势。政府可以通过出台保护知识产权等相关的法律法规，制定一系列激励创新政策、人才流动政策、监管政策等，引

---

[1] 陈劲，阳银娟. 协同创新的理论基础与内涵 [J]. 科学学研究，2012，30（2）：161-164；杜兰英，陈鑫. 政产学研用协同创新机理与模式研究：以中小企业为例 [J]. 科技进步与对策，2012，29（22）：103-107；何郁冰. 产学研协同创新的理论模式 [J]. 科学学研究，2012，30（2）：165-174；孔祥浩，许赞，苏州. 政产学研协同创新"四轮驱动"结构与机制研究 [J]. 科技进步与对策，2012，29（22）：15-18；孙萍，张经纬. 市场导向的政产学研用协同创新模型及保障机制研究 [J]. 科技进步与对策，2014，31（16）：17-22.

导各类资源优化配置，为企业创新营造良好的创新环境和市场竞争秩序。政府还可以通过投入资金，建设信息交流共享网络和基础公共服务平台，协助建立利益分享和共担机制，推动企业、大学和科研院所合作交流。

"产"指企业，是创新主体。各国的社会经济发展都离不开企业，企业是社会经济发展的主体，与社会需求紧密联系。同时，企业也是创新的主体，对市场有着极其敏锐的洞察力，联结科技创新成果和生产，是科技创新活动的具体实践者。因为企业自主经营自负盈亏，追求利润最大化，也最了解市场需求方向，所以企业有内在需求也能够有效凝聚各种资源力量，以最快的速度将科技真正转化为现实生产力，实现科研成果商品化转化。因此，必须坚持企业创新主体地位，这也是政产学研用协同创新模式的关键所在。

"学"指大学，研指科研院所，是核心要素。不同于企业的创新方式，大学和科研院所服从于国家战略需求和政策导向，是科技创新体系中知识创新的主体，也是科技创新体系中知识创新的源泉。大学拥有众多知名教授、大量的国家财政拨款、先进的实验室设备等雄厚的资源基础，具有很强的科研能力，主要进行原始创新，代表科技领域最前沿的知识。大学作为科技人才的摇篮，主要任务就是教书育人，为国家培养适合社会和企业需求的高素质专业人才，同时也承担探索研究基础前沿领域和满足国家重大任务需求的重任。不同于大学偏向于纯技术研究，科研院所拥有自己的研究技术人员和高端仪器设备，和企业联系相对紧密，甚至可能拥有自己的企业，更偏向于新思想、新模型的关键技术创新，研究领域虽狭窄但有深度，是知识创新、科技创新中的专业力量。在以企业为创新主体的政产学研用协同创新模式中，大学和科研院所要紧密结合，积极主动和企业沟通联系，与企业的生产有机结合，紧跟市场导向，及时将科研成果付诸实践。

"用"指目标用户,是导向。以生产者为中心的创新模式正转变为以用户为中心的创新模式,目标用户的市场需求是科技创新活动的出发点和落脚点,是科技创新活动的原动力。目标用户直接参与协同创新不仅使科技创新成果更具针对性和实用性,而且有利于减少技术创新活动的盲目性,缩短新产品从研发到进入市场的周期,降低科技创新活动的风险和成本。技术创新成果只有为人所用,才能真正实现价值,为人类社会带来福祉。因此,目标用户是政产学研用创新模式中不可或缺的主体之一。

三、构建多元化市场竞争体系

新型举国体制有助于实现关键核心技术攻关突破,实现国家重大民生公共工程科技创新,应对和治理重大公共社会危机,但并不适用于所有范围[1]。在实践中,我们要正确看待和处理新型举国体制中政府与市场、国有企业与民营企业、政府采购与产品的市场竞争力的关系,构建多元化市场竞争体系,充分发挥新型举国体制优势[2]。

第一,要处理好政府与市场的关系。随着社会经济的不断发展,我们对市场关系的认识也在不断加深,从计划经济时期政府的大包大揽使市场作用被忽视,到党的十四大提出要让市场在资源配置中起基础性作用,再到党的十八届三中全会提出要让市场在资源配置中起决定性作用,市场在资源配置中的功能定位发生了根本性变化。作为资源配置方式的政府和市场,不是非此即彼的对立关系,而是互为补充的关系,单纯使用其中任何

---

[1] 陈劲,阳镇,朱子钦. 新型举国体制的理论逻辑、落地模式与应用场景[J]. 改革,2021(5):1-17.

[2] 杜宝贵. 论转型时期我国"科技创新举国体制"重构中的几个重要关系[J]. 科技进步与对策,2012,29(9):1-4.

一种资源配置方式都具有一定局限性。

社会主义市场经济条件下的新型举国体制不是重新回到计划经济时期忽视市场的老路，也不是模仿新自由主义完全依赖市场，而是要在充分发挥有效市场无形之手的作用的同时更好地发挥有为政府有形之手的作用，形成在政府的主导下让市场有效参与的发展格局，促进资源优化配置，实现国家战略目标。一方面，在新型举国体制下，市场参与能够很好地破除传统举国体制存在的效率低下、缺乏激励和约束等问题，要遵循市场规律，充分发挥市场在资源配置中的决定性作用，最大限度地激发和调动各类创新主体的活力；另一方面，政府能够解决市场过度投机、无序竞争等问题，要坚持补位但不缺位、不错位、不越位的原则，发挥好引导和统筹协调作用，通过制定相关政策和优化机制，为科技创新活动扫除障碍，打造良好创新环境。

第二，要处理好国有企业与民营企业的关系。改革开放的实践证明，国有企业与民营企业不是"国进民退"或者"国退民进"的零和关系，而是共生共赢的关系。

习近平总书记指出，"国有企业是中国特色社会主义的重要物质基础和政治基础，是党执政兴国的重要支柱和依靠力量，必须做强做优做大。当然，国有企业也要改革优化，但绝对不能否定、绝对不能削弱。要坚持和完善新型举国体制，不断增强领导力、组织力、执行力"[①]。要发挥国有企业在新型举国体制中的重要作用，在关系国计民生、战略安全、公共服务等的行业和领域，国有企业要服务于国家战略，调整优化布局。面对

---

① 习近平. 国家中长期经济社会发展战略若干重大问题［EB/OL］. (2020－10－31)［2020－10－31］. http://jhsjk.people.cn/article/31913886.

"卡脖子"的关键核心技术领域，国有企业要起到引领带头作用，加大投入力度，组织协调攻克战略性、基础性、共性的技术问题，提升自主创新能力，加快实现科技自立自强。

与此同时，作为市场经济中最有活力和创造力的微观基础主体，民营企业要准确把握行业变化趋势，加快实现科技创新的产业链和资金链畅通循环，在新型举国体制中贡献自己的力量。习近平总书记在看望参加全国政协十四届一次会议的民建、工商联界委员时指出："党中央始终坚持'两个毫不动摇'、'三个没有变'，始终把民营企业和民营企业家当作自己人。"[1] 社会主义市场经济条件下新型举国体制要公平对待国有企业和民营企业，让国有企业和民营企业共同参与建设，充分利用市场机制，形成以企业为创新主体的政产学研用协同创新发展格局。

第三，要处理好政府采购与产品的市场竞争力的关系。政府采购现象普遍存在，利用政府采购推动科技创新已是当今世界各国的通行做法，欧美等发达国家在这方面有着丰富的经验，比如，在美国半导体和计算机行业的早期发展中，政府采购发挥了至关重要的作用[2]。政府采购不仅可以向自主创新产品倾斜，给予自主创新必要的扶持，弥补市场的缺陷，而且还可以扩大市场需求，提供光明的市场前景，降低技术创新的不确定性[3]。

政府采购作为国家推动技术创新的手段之一，具有行政行为和市场行为双重性质。政府采购通常具有一定的社会导向和杠杆示范作用，政府可

---

[1] 习近平在看望参加政协会议的民建工商联界委员时强调：正确引导民营经济健康发展高质量发展 [EB/OL]. (2023-03-07)[2023-03-07]. http://jhsjk.people.cn/article/32638352.

[2] 艾冰. 欧美国家政府采购促进自主创新的经验与启示 [J]. 宏观经济研究, 2012 (1): 13-20; 王丛虎. 论我国政府采购促进自主创新 [J]. 科学学研究, 2006 (6): 967-970.

[3] 王铁山，冯宗宪. 政府采购对产品自主创新的激励机制研究 [J]. 科学学与科学技术管理, 2008 (8): 126-130.

以通过购买新产品、新技术,为企业的初期发展创造市场条件,激发企业的创新活力。此外,由于政府采购规模庞大,并且政府采购在一定程度上能够给新产品和新技术的质量背书、增强企业的商业信誉和产品市场竞争力,因此企业也会竞相通过创新提高产品市场竞争力吸引政府采购其产品。

不过,政府采购也并不一定会促进技术创新[①]。政府不同于一般市场主体且政府采购市场规模庞大,政府采购可能会对市场造成一定的扭曲,现实生活中政府大多倾向于向信誉良好的大企业购买产品。与私人采购相比,政府采购还存在效率低、成本高、容易滋生腐败行为等问题。这些都会破坏市场创新的活力,不利于提升产品市场竞争力。因此,在新型举国体制下,我们要用好政府采购这一利器,把握好政府采购和产品市场竞争力的平衡关系。

第三节
强化国家战略科技力量

一、整合科技资源

我国科技管理格局呈现出各自为政、"九龙治水"的状态,缺乏有效

---

① 胡凯,蔡红英,吴清. 中国的政府采购促进了技术创新吗?[J]. 财经研究,2013,39(9):134-144.

的联动和整合机制,导致我国的科技建设长期存在着科技创新资源分散、重复、低效等问题。这些问题的存在直接影响了科技进步和科技成果转化率,造成了重复建设和大量的资源浪费。为了打破这种科技创新的"孤岛现象",必须进行科技资源的整合与共享。此外,为了应对科技领域"卡脖子"的挑战,我们也需要具备利用和协调各种资源的能力,实现关键核心技术领域突破性发展。对此,"十四五"规划第四章第一节明确提出要整合优化科技资源配置。

科技资源是科技活动的主要条件,它是科学研究和技术创新的生产要素的集合,可划分为科技财力资源、科技人力资源、科技物力资源、科技知识信息资源四个方面[①]。世界各国十分重视科技资源配置问题,并且不少国家都有相关的成功经验。美国主要是制定和建设完善的法律法规和政策体系,通过市场机制实现科技资源的整合和共享。日本主要是政府积极参与、引导、制定方针,通过产学研相结合的服务方式实现科技资源的整合和共享。德国科技资源配置的特色在于既注重政府引导又注重市场竞争,重视科研投入和科研人才培养以及科技创新平台的建立。通过学习国外的科技资源配置经验并结合我国的实际情况,"十四五"规划提出了一系列意见整合优化科技资源配置。

第一,推进创新体系优化组合,强化国家战略科技力量。创新体系包括创新主体、创新环境、创新资源、创新机制等要素,推进创新体系优化组合有助于创新资源的合理配置和有效利用。国家战略科技力量体现国家意志和国家利益,关乎一国综合国力和国际竞争力的提升,是促进经济社

---

① 杨子江.科技资源内涵与外延探讨[J].科技管理研究,2007(2):213-216.

会发展、保障国家安全的"压舱石"。纵观国外的科技发展史,我们发现美国、德国、英国等发达国家都致力于构建以国家实验室、国家科学中心等为载体的国家战略科技力量。

面对新中国成立后科技基础薄弱的局面,1956年,我国制定了《1956—1967年科学技术发展远景规划纲要(修正草案)》。这一规划的实施使我国在关系国计民生的关键科技领域建立起了国家战略科技力量,直接缩短了我们同发达国家科技水平的距离。2016年,习近平总书记提出要"强化国家战略科技力量,提升国家创新体系整体效能"[①]。党的十九大报告也强调要"加强国家创新体系建设,强化战略科技力量",将国家战略科技力量建设上升为党和国家的意志。党的二十大报告则进一步强调,要"坚持创新在我国现代化建设全局中的核心地位。完善党中央对科技工作统一领导的体制,健全新型举国体制,强化国家战略科技力量,优化配置创新资源,优化国家科研机构、高水平研究型大学、科技领军企业定位和布局,形成国家实验室体系,统筹推进国际科技创新中心、区域科技创新中心建设,加强科技基础能力建设,强化科技战略咨询,提升国家创新体系整体效能"。

在党的坚强领导下,我国在高铁建设、特高压输电技术等领域已处于全球领先地位。尽管如此,与美国等发达国家相比,我国的国家战略科技力量仍十分薄弱,明显存在发展后劲不足的问题。此外,我国的创新体系还缺乏有效的联动机制和完善的要素流动市场机制。因此,我们要以国家战略需求为导向推进创新体系优化组合,加快构建以国家实验室为引领的战略科技力量。

[①] 习近平. 在中国科学院第十九次院士大会、中国工程院第十四次院士大会上的讲话[EB/OL]. (2018-05-28)[2018-05-28]. http://jhsjk.people.cn/article/30019215.

第二，加快建设国家实验室，重组国家重点实验室体系。习近平、李克强都曾提出要建设国家实验室，重组国家重点实验室体系[①]。国家实验室作为国家科技创新体系的重要组成部分，是国家组织高水平基础研究和应用基础研究、聚集和培养优秀科学家、开展高层次学术交流的重要基地。国家实验室体现国家意志，以国家目标为导向，是优化科技体系的重要举措，是发挥新型举国体制优势的重要抓手。国家重点实验室体系的构建有助于突破跨部门合作的障碍，推动多学科交叉融合，整合和共享科技资源，迅速攻克关键核心技术，提升战略科技力量。

目前一些发达国家已经建成了一批国际一流的高水平实验室，诸如美国劳伦斯伯克利国家实验室、英国卡文迪许实验室、德国亥姆霍兹联合会等。在1984年，我国也制定了《国家重点实验室建设试行管理办法》，着手实施国家重点实验室计划。在党和国家大力支持下，国家重点实验室快速发展，取得一批具有国际影响力的原创性成果，为国家战略性需求科技问题的解决提供了有效支撑，提高了我国的核心竞争力。截至2020年末，我国已有522个正在运行的国家重点实验室[②]，然而实验室还存在诸如经费不足、人才和科技资源流通不畅、缺乏有效的联合机制和评估体系不健全等问题。因此，我们要加大对国家实验室的经费投入力度，加强人才队伍建设，促进实验室之间的互联互通，完善实验室评估体系，形成结构合理、运行高效的实验室体系。

---

① 习近平.在中国科学院第十九次院士大会、中国工程院第十四次院士大会上的讲话［EB/OL］.（2018 - 05 - 28）［2018 - 05 - 28］.http：//jhsjk.people.cn/article/30019215；李克强.政府工作报告：2020年5月22日在第十三届全国人民代表大会第三次会议上［EB/OL］.（2020 - 05 - 22）［2020 - 05 - 29］.http：//www.gov.cn/gongbao/content/2020/content_5517495.htm.

② 国家统计局.中华人民共和国2020年国民经济和社会发展统计公报［R/OL］.（2021 - 02 - 28）［2021 - 02 - 28］.http：//www.stats.gov.cn/tjsj/zxfb/202102/t20210227_1814154.

第三，优化提升国家工程研究中心、国家技术创新中心等创新基地。国家科技创新基地有三类，分别是科学与工程研究类、技术创新与成果转化类和基础支撑与条件保障类，在不同的领域进行战略布局，具体包括国家重点实验室、国家工程研究中心、国家技术创新中心、国家科技资源共享服务平台、国家野外科学观测研究站等[①]。作为国家创新体系的一个重要组成部分，国家科技创新基地是开展基础研究、关键核心技术攻关、科技成果转化及产业化、科技资源共享服务等科技创新活动的重要载体，能够提供配套设施并有效整合各类优势资源，推动各类科技创新主体协同发展，促进科技经济一体化发展。

依托上述创新基地，各类科技创新主体能够充分利用人才、设备以及科技信息资源，开展协同创新活动，充分发挥创新活力和潜能，努力为推动科技创新发展做出贡献。针对科技创新基地发展过程中存在的交叉重复、定位不清晰、共享程度低等情况，科技部、财政部、国家发展改革委等也出台了《国家科技创新基地优化整合方案》，通过完善运行管理机制、评估考核机制和资源配置机制、调整布局等方式优化整合科技创新基地[②]。"十四五"期间还需对其进一步优化提升，最大限度地发挥其整合共享科技资源、推动科技创新的作用。

第四，推进产学研力量优化配置和资源共享。不同于以往单打独斗的创新，现代科技创新越来越依赖协同创新。因此，资源共享是实现科技创

---

① 科技部、财政部、国家发展改革委关于印发《国家科技创新基地优化整合方案》的通知：国科发基〔2017〕250号［A/OL］．（2017-08-18）［2017-08-24］．http：//www.most.gov.cn/xxgk/xinxifenlei/fdzdgknr/fgzc/gfxwj/gfxwj2017/201708/t20170824_134589.html．

② 科技部、财政部、国家发展改革委关于印发《国家科技创新基地优化整合方案》的通知：国科发基〔2017〕250号［A/OL］．（2017-08-18）［2017-08-24］．http：//www.most.gov.cn/xxgk/xinxifenlei/fdzdgknr/fgzc/gfxwj/gfxwj2017/201708/t20170824_134589.html．

新发展的必然要求。在实践中,包括美国、德国、日本在内的很多国家都通过应用产学研模式取得了成功,比如美国硅谷、日本筑波科学城、德国弗朗霍夫学会等。产学研创新体系受到了来自各界的广泛关注,被认为是推动科技资源优化配置和共享的一个有效模式,有助于打破信息孤岛形成一条完整的创新链,促进资源的优化配置,提升自主创新能力,实现创新驱动发展[①]。

在产学研创新体系中,企业、大学和科研院所具有不同的定位和优势,有丰富的科技创新资源的大学和科研院所在生产技术创新方面更有优势,具有充足的资金以及丰富的市场经验的企业则主要负责将科研成果商品化。产学研创新模式中各创新主体相互取长补短,通过技术转让、委托研究、产业技术联盟、联合攻关、内部一体化、共建科研基地、组建研发实体、人才联合培养与人才交流等多种方式进行分工与合作,协同发挥各自的比较优势[②]。我国从20世纪90年代就开始制定一系列法律法规政策推进产学研相互结合的工作,但是现在仍然存在创新主体间脱节、激励不相容、企业积极性低等问题,因此还需要推进产学研力量优化配置和资源共享。

第五,支持发展新型创新主体和机制。当前新一轮科技变革和产业革命蓄势待发,可能会重塑全球经济结构和创新版图,颠覆人们的生产生活方式。李克强指出,"本轮科技革命和产业变革不同以往,抢抓机遇,赢得主动,根本要靠深化改革和扩大开放,培育不同以往的新型创新机制

---

① 何郁冰. 产学研协同创新的理论模式 [J]. 科学学研究,2012,30 (2):165-174;王雪原,王宏起. 基于产学研联盟的科技创新资源优化配置方式 [J]. 中国科技论坛,2007 (11):3-7;朱桂龙,彭有福. 产学研合作创新网络组织模式及其运作机制研究 [J]. 软科学,2003 (4):49-52.

② 王文岩,孙福全,申强. 产学研合作模式的分类、特征及选择 [J]. 中国科技论坛,2008 (5):37-40.

和创新主体"[1]。聚焦全球科技前沿领域和国家战略科技领域,新型研究型大学和新型研发机构等新型创新主体能够有效整合全球科技资源,充分释放创新活力和潜力,加快实现科技攻关突破。目前新型研究型大学办学成功的有美国斯坦福大学、韩国科学技术院、香港科技大学等,比较成功的新型研发机构有德国弗朗霍夫学会和中国科学院深圳先进技术研究院等,这为我们提供了丰富的经验。

不同于传统研究型大学,新型研究型大学的投资主体更加多元,运行机制和组织形式更为灵活,研究方向也不拘泥于基础理论研究,而是根据实际需求聚焦基础研究或者应用研究的某些前沿领域。新型研发机构的成功也普遍具有政府主引导下的多方投入机制、灵活的组织结构、市场化的收益模式、多功能并存的运作机制、以市场为导向的投入和评价机制、人才引育机制创新等特点[2]。因此,"十四五"规划提出要支持发展新型创新主体,推动投入主体多元化、管理制度现代化、运行机制市场化、用人机制灵活化。

二、加强基础研究

基础研究是技术创新和应用研究的知识源泉和重要支撑,是人类认识世界、改造世界的理论基础,其重要性不言而喻。如果缺乏基础研究这一强大后盾,技术创新和应用研究就如同无源之水、无本之木。近代以来西方发达国家崛起的实践证明,正是凭借强大的基础研究实力,它们才成功引领

---

[1] 李克强. 准确把握世界科技革命产业变革新趋势 深入实施创新驱动 努力赢得发展未来 [EB/OL]. (2017-06-22) [2017-06-26]. http://cpc.people.com.cn/n1/2017/0626/c64094-29361334.html.
[2] 章熙春,江海,章文,等. 国内外新型研发机构的比较与研究 [J]. 科技管理研究, 2017, 37 (19): 103-109.

世界科学技术创新发展，在科技竞争中掌握了主动权和话语权。已经有研究通过实证分析发现基础研究对技术的拉动效应是技术创新能力提升的关键[①]。因此，各个创新型国家都十分重视基础研究，赋予其战略发展地位。

当前，在党和国家对基础研究的高度重视下，我们利用集中力量办大事的优势，经过多年发展，基础研究实力显著增强，建立了相对完整的基础研究体系，在高温超导体、粒子物理和核物理研究、量子通信与量子计算、脑科学等基础研究领域取得了重大研究成果，成功组织并完成了嫦娥五号、天问一号、慧眼号等重大基础研究任务。然而，我们仍然要清醒地认识到，相比于发达国家，我国的基础研究依然缺乏原创性成果，在基础研究投入、基础研究创新环境、基础研究相关的人才培养、基础研究科研成果产出及转化方面还存在很大的差距，还有很长的路要走。因此，要成为真正的世界科技强国，实现高质量创新驱动发展和科技自立自强，必须加强基础研究，提升自主创新能力和国家核心竞争力。

为提升国家基础研究实力，《国家中长期科学和技术发展规划纲要（2006—2020年）》强调要发展聚焦国家目标与自由探索相结合的基础研究。习近平总书记也在多个场合多次提出要加强基础研究[②]。2020年，科

---

① MANSFIELD E. Basic research and productivity increase in manufacturing [J]. American economic review，1980，70（5）：863 - 873；NARIN F，HAMILTON K S，OLIVASTRO D. The increasing linkage between U. S. technology and public science [J]. Research policy，1997，26（3）：317 - 330；柳卸林，何郁冰．基础研究是中国产业核心技术创新的源泉 [J]．中国软科学，2011（4）：104 - 117.

② 国务院．国家中长期科学和技术发展规划纲要（2006—2020年）[R/OL]．（2006 - 02 - 09）[2006 - 02 - 09]．http：//www.gov.cn/gongbao/content/2006/content_240244.htm；习近平．在中国科学院第二十次院士大会、中国工程院第十五次院士大会、中国科协第十次全国代表大会上的讲话[EB/OL]．（2021 - 05 - 28）[2021 - 05 - 29]．http：//jhsjk.people.cn/article/32116652；习近平．在科学家座谈会上的讲话 [EB/OL]．（2020 - 09 - 11）[2020 - 09 - 12]．http：//jhsjk.people.cn/article/31858850；面向世界科技前沿面向经济主战场 面向国家重大需求面向人民生命健康 不断向科学技术广度和深度进军 [EB/OL]．（2020 - 09 - 11）[2020 - 09 - 12]．http：//jhsjk.people.cn/article/31858846．

技部等六部门印发《新形势下加强基础研究若干重点举措》的通知①，提出要优化基础研究总体布局、激发创新主体活力、深化项目管理改革、营造有利于基础研究发展的创新环境、完善支持机制。"十四五"规划也提出要持之以恒加强基础研究。

第一，强化应用研究带动基础研究，鼓励自由探索，建立基础学科研究中心。基础研究和应用研究两者是辩证统一的，均是科学研究的重要方面，呈现出一体化的发展趋势。基础研究旨在探索客观规律，不以应用为目的，是应用研究的源泉，为应用研究提供指导。应用研究具有特定目的，可以为基础研究创造新需求，提供新技术和新方法，促进基础研究取得突破性发展。根据基础研究和应用研究的特点，我们要鼓励基础研究自由探索，让应用研究带动基础研究的发展。习近平总书记在科学家座谈会上的讲话以及科技部等六部门印发的《新形势下加强基础研究若干重点举措》也都强调了这一点②。要强化应用研究带动基础研究，推动基础研究和应用研究协同发展，需要优化基础研究和应用研究布局。此外，依托基础学科研究中心，跨学科、跨领域的科研人员能够深入沟通交流，促进学科交叉融合，推动基础研究取得重大研究成果。国际上已成功建设一批著名的基础学科研究中心，如美国普林斯顿高等研究院、英国牛顿数学科学研究所等，而我国在这方面则刚刚起步，还需要重点布局一批基础学科研究中心。

---

① 新形势下加强基础研究若干重点举措：国科办基〔2020〕38 号［A/OL］.（2020 - 04 - 29）［2020 - 05 - 11］. http：//www.most.gov.cn/xxgk/xinxifenlei/fdzdgknr/fgzc/gfxwj/gfxwj2020/202005/t20200511_153861.html.

② 习近平在科学家座谈会上的讲话［EB/OL］.（2020 - 09 - 11）［2020 - 09 - 12］. http：//jhsjk.people.cn/article/31858850；新形势下加强基础研究若干重点举措：国科办基〔2020〕38 号［A/OL］.（2020 - 04 - 29）［2020 - 05 - 11］. http：//www.most.gov.cn/xxgk/xinxifenlei/fdzdgknr/fgzc/gfxwj/gfxwj2020/202005/t20200511_153861.html.

第二，建立基础研究多元化投入机制，加大基础研究投入。我国基础研究基本上由政府主导投入，这主要是由两方面原因导致的：一则，基础研究与国家战略性新兴产业息息相关，关乎国家核心竞争力；二则，基础研究因为具有长周期性、不确定性、外部性等特征，而存在基础研究领域市场失灵和供给不足现象。与发达国家基础研究投入相比，我国基础研究经费投入不足、结构不合理、缺乏企业和社会支持。为解决基础研究经费投入不足问题，政府需要继续加大对基础研究的支持力度，"十四五"规划更是提出了一个硬性指标，即要将基础研究经费投入占研发经费投入的比重提高到8%以上。为解决基础研究投入结构不合理、缺乏企业和社会力量支持的问题，可以通过对企业实行研发费用加计扣除等税收优惠政策和措施，引导和鼓励有条件的企业重视基础研究投入，支持社会各界通过捐赠和建立基金等多渠道投入，完善多元化投入体系，形成持续稳定的投入机制。在增加基础研究经费投入的同时，还需要注重加强基础研究经费管理，优化支出结构，提高基础研究经费使用效率。

第三，营造良好的基础研究科研生态。当前，我国的基础研究领域生态不尽如人意，存在一种浮躁、投机取巧的作风，片面追求数量而忽略质量，缺乏原创性引领性创新。2019年，从事基础研究、应用研究、试验发展的人员比为1∶1.60∶9.68，每人年研发费用支出比为1∶1.19∶1.42，由此可见我国基础研究领域存在缺乏科研人员和经费的问题[1]。加强基础研究，必须吸引一批学术水平高、敢于探索、勇于创新的高素质科研人员加入。为此，要完善适应基础研究特点和规律的经费管理制度，坚持以人

---

[1] 国家统计局社会科技和文化产业统计司，科学技术部战略规划司. 中国科技统计年鉴2020[M]. 北京：中国统计出版社，2020.

为本,强化对基础研究人员的激励,给基础研究人员松绑,把包干制跟"放管服"结合起来,充分调动人才的积极性,释放人才的创新活力。此外,基础研究具有探索性强、周期长、不确定性高、厚积薄发、短期难以看到经济效益等特点,因此要切忌浮躁和急功近利,改进科技评价方式,提供鼓励科研人员潜心钻研和自由探索的宽松环境[1]。对此,"十四五"规划也提出要建立健全符合科学规律的评价体系和激励机制,对基础研究探索实行长周期评价,创造有利于基础研究的良好科研生态。

第四,推动产业集群发展。关于产业集群竞争力的研究不在少数,有马歇尔外部经济理论、韦伯集群经济理论、克鲁格曼新经济地理学理论、波特竞争优势理论等,针对产业集群的研究已然成为一种新型区域经济发展理论[2]。产业集群具有促进技术创新、整合资源、规避负面效应等优势,在竞争日益激烈和经济全球化的今天脱颖而出,不断发展壮大,成为世界经济发展的趋势[3]。现实中,美国硅谷、英国剑桥工业园区、意大利艾米利亚-罗马格纳区、德国巴登-符腾堡州、北京中关村等无不在彰显产业集群的强大优势,吸引了世界的目光。产业集群有低成本型和创新型之分,创新型产业集群适应我国经济转型时期产业转型与升级的发展趋势与要求,因此要助力产业集群由低成本型转变到创新型,推动创新型产业集群发展[4]。截至 2019 年,我国拥有 109 个创新型产业集群,集群内共有企业

---

[1] 陈宜瑜. 加强基础研究 服务创新型国家建设 [J]. 求是, 2006 (6): 28-29; 万钢. 加强基础研究 提升原创能力 [J]. 中国软科学, 2013 (8): 1-2.

[2] 陈柳钦. 产业集群与产业竞争力 [J]. 南京社会科学, 2005 (5): 15-23; 魏守华, 王缉慈, 赵雅沁. 产业集群: 新型区域经济发展理论 [J]. 经济经纬, 2002 (2): 18-21.

[3] 张辉. 产业集群竞争力的内在经济机理 [J]. 中国软科学, 2003 (1): 70-74; 朱英明. 论产业集群的创新优势 [J]. 中国软科学, 2003 (7): 107-112.

[4] 沈小平, 李传福. 创新型产业集群形成的影响因素与作用机制 [J]. 科技管理研究, 2014, 34 (14): 144-148; 王缉慈. 关于发展创新型产业集群的政策建议 [J]. 经济地理, 2004 (4): 433-436.

23 638 家，其中高新技术企业数 10 303 家，年营业收入超 5 万亿元，年利润超 4 000 亿元，但是还存在整体创新效率不高等问题[①]。没有基础研究的支撑，即使创新型产业集群短时期内能够发展，也会出现缺乏后劲的现象。打造具有竞争力和影响力的创新型产业集群，需要持之以恒地加强基础研究。产业集群也是推动科技进步、实现创新驱动发展的一个发力点，通过分工合作与协同创新，能够有效联结科学研究与生产，加快科技创新成果转化为现实生产力的进程，促进应用研究发展。

三、建设重大科技创新平台

（一）区域协同创新的理论机制

协同创新是一项复杂的创新组织方式，其关键是形成以企业、大学、科研院所为核心要素，以政府、金融机构、科技中介组织、非营利性组织等为辅助要素的多元主体协同互动的网络创新模式[②]。其本质是打破人、财、物、信息、组织之间的各种壁垒和边界，使各主体为一个共同的目标进行协调的运作，以产生"1+1>2"的协同效应[③]。

协同创新包含两类主体：一类是直接从事创新活动的直接主体；另一类是不直接参与创新活动但可为直接主体提供创新服务支持的间接主体。直接主体包括大学、科研院所、企业，间接主体包括政府和相关中介机构[④]。协

---

① 科学技术部火炬高技术产业开发中心.2020 年中国火炬统计年鉴[M].北京：中国统计出版社，2020.
② 陈劲，阳银娟.协同创新的理论基础与内涵[J].科学学研究，2012，30(2)：161-164.
③ 饶燕婷."产学研"协同创新的内涵、要求与政策构想[J].高教探索，2012(4)：29-32.
④ 白俊红，蒋伏心.协同创新、空间关联与区域创新绩效[J].经济研究，2015，50(7)：174-187；雷小苗."创新绩效假象"的形成机理与破解路径：基于国家创新体系的分析[J].自然辩证法通讯，2021，43(3)：88-96.

同创新包括两类创新：一类是区域内部各直接主体间的创新，即产学研协同创新，具体包括同一区域内企业间、大学间、科研院所间、产学研之间的协同创新。另一类是不同区域间要素流动引发的区域创新系统之间的协同创新，即区域间协同创新。产学研协同创新与区域间协同创新的作用机制不同。

产学研协同创新主要通过区域内部的创新要素优化配置效应影响创新水平。从供需角度看，大学和科研院所拥有专业科研人员和先进科研设备，掌握国际前沿科研知识和技术，但往往忽视这些知识和技术的商业性，导致科研成果无法转化为现实的生产力。而企业了解市场导向，拥有完备的营销能力和大量可用于研发的资金，却缺乏进行原始创新的研发能力。在这种情况下，如果企业获取知识的成本低于内部开发的成本，同时大学和科研院所能获得超出独立研究的额外利益，如获得更多的经费支持等，企业与大学和科研院所之间形成优势互补，产学研间的协同创新就能顺利开展[1]。但在现实中，产学研之间的协作往往并不是一个自发的过程，还需要政府的支持。政府通过搭建区域创新中心，可有效降低各主体的搜寻成本及交易成本，同时政府可颁布一系列政策，有效防止道德风险。此外，金融中介机构等可以为创新主体提供资金支持。因此，企业、大学、科研院所、政府、金融中介机构等集聚在一起，有利于知识、人才、技术、资金、信息等要素在产学研之间的配置优化，从而提高创新要素的使用效率[2]。

---

[1] 何郁冰. 产学研协同创新的理论模式 [J]. 科学学研究, 2012, 30 (2): 165-174.
[2] 刘军, 王佳玮, 程中华. 产业聚集对协同创新效率影响的实证分析 [J]. 中国软科学, 2017 (6): 89-98.

而创新要素在区域间流动会通过知识溢出效应和区域间创新要素配置优化效应影响创新水平。

首先,要素跨区域流动引发知识溢出效应。创新知识具有非竞争性和部分排他性特征[1],这导致创新知识在传播过程中可以被共享,存在知识溢出效应。知识溢出的过程是不同主体之间通过直接或间接互动、交流发生的无意识的传播过程,隐性知识难以编码化或记录,只能通过面对面交流传播[2]。因此,作为知识载体的科研人员在不同区域间流动,在和其他科研人员面对面交流的过程中,不仅创造了新的知识,而且使得隐性知识在不同区域间传播,导致空间上的知识溢出,提升了相关区域的创新水平。

其次,要素跨区域流动引发区域间创新要素配置优化效应。创新要素具有趋利性,会自发地从边际收益率低的区域向边际收益率高的区域流动[3]。具体而言,我国不同区域的要素禀赋不同,薪酬更高、福利制度更完善、发展空间更大、科研环境更公平的区域吸引着研发人员往该区域流动;同样,研发资本也会流向创新回报高的区域。流入的研发人员与当地科研水平较低的研发人员组合,能够提升当地创新要素的使用效率。同时,创新要素的流动相当于在区域间形成了一种竞争机制,不仅能够激发当地研发人员的潜能,而且也会激励当地政府创建更好的科研环境,吸引更多高素质研发人才。除此之外,对于研发要素流出的区域,研发要素的

---

① ROMER P M. The origins of endogenous growth [J]. Journal of economic perspectives, 1994, 8 (1): 3-22.
② 赵勇,白永秀. 知识溢出:一个文献综述 [J]. 经济研究, 2009, 44 (1): 144-156.
③ 王钺,刘秉镰. 创新要素的流动为何如此重要?:基于全要素生产率的视角 [J]. 中国软科学, 2017 (8): 91-101.

流出也会促使当地剩余的研发要素向边际生产率更高的部门转移。综上所述，创新要素在区域间的流动会导致创新要素在区域间的配置更加合理，创新要素的边际生产率会提高。

由此可知，建设区域创新中心不仅能提升该区域内部创新水平，还能与其他区域之间形成协同。建设区域创新中心是完善国家创新体系的关键。

（二）区域协同创新中心的建设现状

为建设区域协同创新中心，提升国家整体创新水平，我国已颁布多个政策文件，要求建设国际科技创新中心和综合性国家科学中心。国际科技创新中心和综合性国家科学中心并不是互相割裂的个体，国际科技创新中心的核心在于综合性国家科学中心，而综合性国家科学中心的核心构成要素就是重大科技基础设施。国际科技创新中心一般对应的是整个城市或城市群的发展战略[1]，综合性国家科学中心是其中的一部分，但二者本质都是区域协同创新中心。

1. 国际科技创新中心

关于国际科技创新中心，官方并未给出明确定义，国内学界也未形成统一意见，相类似的表述还有"全球科技创新中心"等。王子丹等总结了以往学者给出的定义，认为国际科技创新中心是集聚大量高校院所、先进科研基础设施、高端产业、人才、资金等创新资源，拥有良好的创新创业环境，积极开展科学研究和技术创新活动，产生大量创新成果，具备较强

---

[1] 王振旭，朱巍，张柳，等. 科技创新中心、综合性国家科学中心、科学城概念辨析及典型案例 [J]. 科技中国，2019（1）：48-52.

的科技辐射带动力，不断推动全球产业转型升级的城市或地区[①]。

2014年2月，习近平总书记在北京考察时提出要强化北京全国科技创新中心的核心功能。同年5月，习近平总书记在上海考察时表示，上海要加快向具有全球影响力的科技创新中心进军。随后，2016年3月颁布的《中华人民共和国国民经济和社会发展第十三个五年规划纲要》明确表示支持北京、上海建设具有全球影响力的科技创新中心。这是"科技创新中心"第一次出现在了国家政策文件中。同年4月和9月，国务院分别印发了《上海系统推进全面创新改革试验加快建设具有全球影响力的科技创新中心方案》和《北京加强全国科技创新中心建设总体方案》，进一步明确了两地建设科技创新中心的方案。2017年7月，国家发展改革委与粤港澳三地政府签署《深化粤港澳合作 推进大湾区建设框架协议》，首次提出将粤港澳大湾区打造成国际科技创新中心。2018年1月，国务院印发《关于全面加强基础科学研究的若干意见》，明确表示支持北京、上海建设具有全球影响力的科技创新中心，推动粤港澳大湾区打造国际科技创新中心（见表3-1）。截至2020年，国家只明确提出要在北京、上海、粤港澳大湾区建设国际科技创新中心。

表3-1 国际科技创新中心相关政策文件

提出时间	发布机构	政策文件	相关内容
2016年3月	全国人民代表大会	《中华人民共和国国民经济和社会发展第十三个五年规划纲要》	支持北京、上海建设具有全球影响力的科技创新中心

[①] 王子丹，袁永，胡海鹏，等. 粤港澳大湾区国际科技创新中心四大核心体系建设研究[J]. 科技管理研究，2021，41 (1)：70-76.

续表

提出时间	发布机构	政策文件	相关内容
2016年4月	国务院	《上海系统推进全面创新改革试验加快建设具有全球影响力的科技创新中心方案》	明确上海建设具有全球影响力的科技创新中心的主要任务
2016年9月	国务院	《北京加强全国科技创新中心建设总体方案》	明确北京加强全国科技创新中心的重点任务
2018年1月	国务院	《关于全面加强基础科学研究的若干意见》	支持北京、上海建设具有全球影响力的科技创新中心，推动粤港澳大湾区打造国际科技创新中心
2019年2月	中共中央、国务院	《粤港澳大湾区发展规划纲要》	明确提出在粤港澳大湾区建设国际科技创新中心
2020年3月	科技部联合四部委	《加强"从0到1"基础研究工作方案》	北京、上海、粤港澳科技创新中心应加大基础研究投入力度，加强基础研究能力建设

随着国家政策的出台，北京、上海、粤港澳大湾区政府也积极配合，给出了相应的建设方案（见表3-2）。从各地建设国际科技创新中心的主要任务来看，国际科技创新中心具有三个要素：首先是大学、科研院所组成的科研体系，其次是集聚着一大批高新技术企业，再次是政府及科技中介等营造的协同创新环境。

表3-2 三大国际科技创新中心建设方案

地区	建设目标	主要任务
北京	到2030年，北京全国科技创新中心的核心功能更加优化，成为全球创新网络的重要力量，成为引领世界创新的新引擎，为我国跻身创新型国家前列提供有力支撑	(1) 强化原始创新，打造世界知名科学中心； (2) 实施技术创新跨越工程，加快构建高精尖经济结构； (3) 推进京津冀协同创新，培育世界级创新型城市； (4) 加强全球合作，构筑开放创新高地

续表

地区	建设目标	主要任务
上海	到 2030 年，着力形成具有全球影响力的科技创新中心的核心功能；最终要全面建成具有全球影响力的科技创新中心，成为与我国经济科技实力和综合国力相匹配的全球创新城市	(1) 建设上海张江综合性国家科学中心； (2) 建设关键共性技术研发和转化平台； (3) 实施引领产业发展的重大战略项目和基础工程； (4) 推进建设张江国家自主创新示范区
粤港澳大湾区	到 2022 年，发展创新能力突出的国际一流湾区和世界级城市群框架基本形成；到 2035 年，大湾区形成以创新为主要支撑的经济体系和发展模式，科技实力大幅跃升	(1) 构建开放型区域协同创新共同体； (2) 打造高水平科技创新载体和平台； (3) 优化区域创新环境

2. 综合性国家科学中心

同国际科技创新中心一样，官方并未就综合性国家科学中心给出明确定义。国内学界虽然没有形成统一意见，但在认识上大同小异。王智源认为综合性国家科学中心是指经国家法定程序批准设立的，依托先进的国家实验室、创新基地、产学研联盟等重大科技基础设施群，支持多学科、多领域、多主体、交叉型、前沿性基础科学研究、重大技术研发和促进技术产业化的大型开放式研发基地[①]。《国家重大科技基础设施建设"十三五"规划》提到了综合性国家科学中心的一些特征：服务国家战略需求、设施水平先进、多学科交叉融合、高端人才和机构汇聚、科研环境自由开放、运行机制灵活有效。

2016 年 3 月，《中华人民共和国国民经济和社会发展第十三个五年

---

① 王智源. 关于合肥建设综合性国家科学中心的思考与建议[J]. 中共合肥市委党校学报，2016 (5)：25-27.

规划纲要》发布，要求发挥科技创新在全面创新中的引领作用，加强基础研究，加快能源、生命、地球系统与环境、材料、粒子物理和核物理、空间和天文、工程技术等科学领域和部分多学科交叉领域国家重大科技基础设施建设，并首次提出依托现有先进设施组建综合性国家科学中心。2016年4月，国务院印发《上海系统推进全面创新改革试验加快建设具有全球影响力的科技创新中心方案》，明确提出上海建设具有全球影响力科技创新中心的主要任务是建设上海张江综合性国家科学中心，具体任务是打造高度集聚的重大科技基础设施群、建设有国际影响力的大学和科研机构、开展多学科交叉前沿研究、探索建立国家科学中心运行管理新机制。2016年12月，国家发展改革委联合八部委编制《国家重大科技基础设施建设"十三五"规划》，具体提出在北京、上海、合肥等设施相对集聚的区域，建设服务国家战略需求、设施水平先进、多学科交叉融合、高端人才和机构汇聚、科研环境自由开放、运行机制灵活有效的综合性国家科学中心。2018年，国务院印发《关于全面加强基础科学研究的若干意见》，进一步强调加强北京怀柔、上海张江、安徽合肥等综合性国家科学中心建设，打造原始创新高地。2019年8月，中共中央、国务院在《关于支持深圳建设中国特色社会主义先行示范区的意见》中明确提出建设以深圳为主阵地的综合性国家科学中心。至此，获批的上海、合肥、北京、深圳综合性国家科学中心全部出现在了相关国家政策文件中（见表3-3）。

随着国家层面的政策颁布，上海、合肥、北京、深圳四地的综合性国家科学中心的建设方案也依次获批。但是，深圳综合国家科学中心并未出现在"十四五"规划纲要中，因此本部分不再提及。

表 3-3 综合性国家科学中心相关政策

发布时间	发布机构	政策文件	相关内容
2016年3月	全国人民代表大会	《中华人民共和国国民经济和社会发展第十三个五年规划纲要》	明确提出"依托现有先进设施组建综合性国家科学中心"
2016年12月	国家发展改革委联合八部委	《国家重大科技基础设施建设"十三五"规划》	在北京、上海、合肥等设施相对集聚的区域，建设综合性国家科学中心
2018年1月	国务院	《关于全面加强基础科学研究的若干意见》	加强北京怀柔、上海张江、安徽合肥等综合性国家科学中心建设，打造原始创新高地
2019年8月	中共中央、国务院	《关于支持深圳建设中国特色社会主义先行示范区的意见》	建设以深圳为主阵地的综合性国家科学中心
2020年3月	科技部联合四部委	《加强"从0到1"基础研究工作方案》	北京怀柔、上海张江、合肥、深圳综合性国家科学中心应加大基础研究投入力度，加强基础研究能力建设

《国家重大科技基础设施建设"十三五"规划》中提及要"建设服务国家战略需求、设施水平先进、多学科交叉融合、高端人才和机构汇聚、科研环境自由开放、运行机制灵活有效的综合性国家科学中心"。同时，综合性国家科学中心的一个重要职能是集聚各类主体，发挥科学研究与产业发展的协同效应，实现高水平研究人员和一流企业的外溢效应[1]。根据以上描述，可以归纳出综合性国家科学中心的构成要素包括重大科技基础设施，协同创新平台，创新型大学、科研院所和企业，以及创新生态环境。其中，重大科技基础设施是国之重器，服务于国家重大战略需求；协

---

[1] 李志遂，刘志成. 推动综合性国家科学中心建设 增强国家战略科技力量[J]. 宏观经济管理，2020 (4): 51-57, 63.

同创新平台包括国家实验室、交叉前沿研究平台等，有助于解决以往科学研究中各学科协同不足的问题；创新型大学和科研院所主要进行基础研究，产出科研成果，而企业促进科研成果转化；创新生态环境则包括良好的政策环境、经济环境、文化环境等[①]。北京怀柔、上海张江、安徽合肥三大综合性国家科学中心部分配置情况如表3-4所示。

表3-4 三大综合性国家科学中心部分配置情况

中心	获批时间	重大科技基础设施	国家实验室及交叉前沿研究平台	创新型大学和科研院所
北京怀柔综合性国家科学中心	2017年5月	综合极端条件实验装置、地球系统数值模拟装置、高能同步辐射光源、多模态跨尺度生物医学成像设施、子午工程二期等	多相复杂系统国家重点实验室、先进能源动力重点实验室等	中国科学院大学、清华大学、北京大学等"双一流"高校
上海张江综合性国家科学中心	2016年2月	上海光源线站工程、硬X射线自由电子激光装置、上海软X射线自由电子试验装置及用户装置、质子治疗装置等	张江实验室、李政道研究所、中美合作干细胞医学研究中心、上海转化医学研究中心等	上海科技大学、中国科学院上海高等研究院、中国科学院上海生命科学研究院、中国航空研究院上海分院、复旦大学（张江校区）、上海交通大学（张江校区）等
安徽合肥综合性国家科学中心	2017年1月	全超导托卡马克实验装置、稳态强磁场实验装置、同步辐射实验装置、中国聚变工程实验堆、合肥先进光源、大气环境立体探测实验研究设施等	同步辐射国家实验室、量子信息科学国家实验室、新能源国家实验室等	中国科学技术大学、合肥工业大学、中科院合肥物质科学研究院等

---

① 李志遂，刘志成. 推动综合性国家科学中心建设 增强国家战略科技力量[J]. 宏观经济管理，2020（4）：51-57，63.

（三）政策建议

第一，建设重大科技创新平台，需注重布局国家重大科技基础设施。强化国家战略科技力量需要建设重大科技创新平台，但若只是构建平台而没有相应的科研基础设施，那么平台构建得再完善也很难在原始创新方面有所突破。

国家重大科技基础设施，也被称作"大科学装置"或"大科学工程"[1]。中国科学院大科学装置领域战略研究组曾给出过如下定义：大科学装置是指通过较大规模投入和工程建设来完成，建成后基于长期的稳定运行和持续的科学技术活动，实现重要科学技术目标的大型设施。其科学技术目标必须面向科学技术前沿，为国家经济建设、国家安全和社会发展做出战略性、基础性和前瞻性贡献[2]。

国家重大科技基础设施有如下特征：一是设施的科学目标和国家使命明确，设施通常针对特定科学问题和国家战略任务而部署建设，体现国家意志，在国家科技基础能力建设中处于核心地位。二是设施的科学技术基础深厚，设施的技术难度大、系统复杂性高，必须经过长期研究，突破大量难关，对精密制造、特种材料、测控测量等技术和工艺也提出了很高的要求。三是设施兼具工程和科研双重属性，设施建设是一项复杂系统工程，必须严格按照工程规范精心组织和管理，同时由于运用了大量的新科学原理、新技术，建设过程中还需要开展许多研究试验和技术攻关。四是

---

[1] 王贻芳，白云翔. 发展国家重大科技基础设施 引领国际科技创新[J]. 管理世界，2020，36（5）：172-188，17.

[2] 中国科学院综合计划局，基础科学局. 我国大科学装置发展战略研究和政策建议[J]. 中国科学基金，2004（3）：40-45.

设施的科学寿命较长，设施面向科技长远发展建设，建设起点高，技术指标先进，往往要通过长期稳定运行、不断改造提升和持续科研活动才能更好地实现其科学价值。五是设施的开放共享程度高，设施都是由国家投资建设和支持运行，其公共属性和资源稀缺性决定了开放共享是它的本质要求①。

国家已发布多个政策文件，可以看出国家对重大科技基础设施建设的关注。2007年1月，国家发展改革委联合科技部、教育部编制的《国家自主创新基础能力建设"十一五"规划》明确提出在"十一五"期间重点建设散裂中子源、强磁场装置、大型天文望远镜等12项国家重大科技基础设施。2013年2月，国务院印发《国家重大科技基础设施中长期规划（2012—2030年）》，对我国重大科技基础设施进行总体部署，要求以能源、生命、地球系统与环境、材料、粒子物理和核物理、空间和天文、工程技术等7个科学领域为重点，从预研、新建、推进和提升等4个层面逐步完善重大科技基础设施体系。2014年11月，国家发展改革委、财政部、科技部、国家自然科学基金委员会印发《国家重大科技基础设施管理办法》，建立起一套行之有效的组织管理办法，更大程度地发挥了国家重大科技基础设施的科学效益和社会效益。作为国家重大科技基础设施规划的补充和细化，2016年12月，国家发展改革委联合八部委编制《国家重大科技基础设施建设"十三五"规划》，提出加快在能源、生命、地球系统与环境、空间和天文等科学领域和部分多学科交叉领域建设国家重大科技基础设

---

① 国家发展改革委有关负责人就《国家重大科技基础设施建设中长期规划（2012—2030年）》答记者问［EB/OL］.（2013-04-17）［2021-08-01］. https://www.ndrc.gov.cn/xwdt/xwfb/201304/t20130417_956132.html.

施,并且优先布局10个建设项目,对前期工作深度达到要求的项目,及时启动设施建设工作。

"十四五"规划纲要明确要求优先布局四个类型的国家重大科技基础设施。第一个类型为战略导向型国家重大科技基础设施。该类基础设施聚焦我国经济社会发展和国家安全的瓶颈性科技难题,能够让我国在战略必争领域形成独特优势,能够充分发挥设施在创新驱动发展中的重要支撑作用。第二个类型为应用支撑型国家重大科技基础设施。该类基础设施主要为多学科领域的基础研究、应用研究提供支撑性平台[1]。第三个类型为前瞻引领型国家重大科技基础设施。该类基础设施瞄准探索未知世界和发现自然规律的科技发展前沿方向,让我国有机会在重要科技领域实现跨越发展,跟上甚至引领世界科技发展新方向,掌握新一轮全球科技竞争的战略主动。第四个类型为民生改善型国家重大科技基础设施。该类基础设施体现了重大科技基础设施具有公益性。作为一种公共物品,国家重大科技基础设施具有社会效益,包括国家安全效益、政治效益和文化效益等[2]。

第二,建设重大科技创新平台,需注重科学数据共享。自然科技资源共享平台保存着丰富的自然科技资源数据,国家野外科学观测研究站能够获取第一手定位观测数据,科学大数据中心是促进科学数据开放共享的重要载体,需重点建设以上相关平台。

自然科技资源共享平台属于国家科技基础条件平台建设重点之一。自然科技资源一般是指经过自然界长期演变形成的,往往还要经过必要处理

---

[1] 王贻芳,白云翔. 发展国家重大科技基础设施 引领国际科技创新 [J]. 管理世界,2020,36(5):172-188,17.

[2] 王婷,陈凯华,卢涛,等. 重大科技基础设施综合效益评估体系构建研究:兼论在FAST评估中的应用 [J]. 管理世界,2020,36(6):213-236,255.

的,对人类社会科技活动具有广泛、重要和潜在用途及重大价值的,一旦消失将永不再生的自然资源[①]。自然科技资源共享平台是我国科技基础条件平台的重要支撑,是我国为整合植物种质、动物种质、微生物菌种、人类遗传、生物标本、岩矿化石标本、实验材料与标准物质等领域的自然科技资源,实现资源的全社会共享所建设的国家科技基础条件平台之一。在科技资源共享服务平台改名后,自然科技资源库具体指包括国家重要野生植物种质资源库、国家作物种质资源库等在内的30个国家生物种质与实验材料资源库。

野外科学观测研究站是国家科技创新基地的重要组成部分,是依据我国自然条件的地域分异规律,面向国家社会经济和科技战略布局,为科技创新与经济社会可持续发展提供基础支撑和条件保障的国家科技创新基地。其主要职责是服务于生态学、地学、农学、环境科学、材料科学等领域发展,获取长期野外定位观测数据并开展高水平科学研究工作。我国历来高度重视野外科学观测和试验研究工作。从1999年开始,科技部会同有关部门,围绕生态系统、特殊环境与大气本底、地球物理和材料腐蚀等4个方面,遴选建设了106个国家野外站[②]。2019年,国家野外站调整优化为97个。

科学数据是重要的战略资源,在大数据时代,科技创新依赖大量、系统、高可信度的科学数据,科学数据对我国科技创新发展的重要性不言而

[①] 王蓉,赵晴雨. 我国自然科技资源共享机制政策法规保障体系框架研究[J]. 中国科技论坛, 2006 (5): 105 – 109.
[②] 科技部办公厅关于印发《国家野外科学观测研究站建设发展方案(2019—2025)》的通知: 国科办基〔2019〕55号 [A/OL]. (2019 – 06 – 20) [2020 – 07 – 17]. http://www.most.gov.cn/xxgk/xinxifenlei/fdzdgknr/qtwj/qtwj2019/201906/t20190624_147286.html.

喻。2018年3月,国务院印发《科学数据管理办法》,进一步加强和规范科学数据管理,按照"开放为常态、不开放为例外"的原则,明确了为公益事业无偿服务的政策导向。这是我国第一次在国家层面出台科学数据管理办法。

《科学数据管理办法》所指科学数据主要包括在自然科学、工程技术科学等领域,通过基础研究、应用研究、试验开发等产生的数据,以及通过观测监测、考察调查、检验检测等方式取得并用于科学研究活动的原始数据及其衍生数据。简单来说,科学数据只是对学术研究的客观对象中某些可观测到的现象的描述。随着科学技术的发展,采集科学数据的方式也逐渐从非自动化转向自动化,即通过大型仪器设备、大科学装置、大规模传感器网络等设备设施进行自动化采集。相比于传统的非自动化采集,自动化采集的数字化数据量大且复杂性高,存在着不确定性和噪声,对这些数据进行存储、分析和应用需要新技术与更强的基础设施环境支持。科学大数据主要是指这种通过设备设施自动化快速采集、规模化存储与分析处理,具有较高维度和复杂关联的数据及其衍生产品[①]。

可见,科学数据中心与科学大数据中心的本质区别在于采集数据的设备。具体地,后者需要配备大科学装置等重大科技基础设施才可能采集、存储、分析科学大数据。不过,目前已发布的政策文件以及学术界似乎并未对这两个概念进行严格区分使用,因此,本部分在此做等同理解。根据《科学数据管理办法》的相关表述,科学数据中心是促进科学数据开放共享的重要载体,由主管部门委托有条件的法人单位建立,主要职责是:承

---

① 黎建辉,沈志宏,孟小峰. 科学大数据管理:概念、技术与系统[J]. 计算机研究与发展,2017,54(2):235-247.

担相关领域科学数据的整合汇交工作；负责科学数据的分级分类、加工整理和分析挖掘；保障科学数据安全，依法依规推动科学数据开放共享；加强国内外科学数据方面交流与合作。

国际上对于科学数据开放共享早已形成普遍共识。美国等西方发达国家早在20世纪90年代就明确提出了数据开放共享的概念。2000年以后，以经济合作与发展组织（OECD）、地球观测组织（GEO）、国际科技数据委员会（CODATA）等为代表的一系列国际组织也开始推行"全面开放"的科学数据共享政策，旨在推动科学数据资源尽可能免费、无限制性地跨界流动重用[①]。相比之下，我国在数据共享的政策制定方面起步较晚，在科学数据的采集保存、开放共享与利用、保密安全等方面存在诸多不足。如有许多高价值的科学数据并未在国内得到充分共享和使用就流向国外；科研院所的科学数据之间没有共享，形成"数据孤岛"；等等。此外，已制定的相关政策也并不具备法律效力。在《科学数据管理办法》出台后，我国开始加快建设一批国家科学数据中心，目前已有包括国家高能物理科学数据中心在内的20个国家科学数据中心。

第三，建设科技创新重大平台，需构建国家科研论文和科技信息高端交流平台。

构建国家科研论文和科技信息高端交流平台是《中共中央关于制定国民经济和社会发展第十四个五年规划和二〇三五年远景目标的建议》中提出的强化国家战略科技力量的重要举措之一，这是科技信息首次被写入中央政策文件，体现了在目前纷繁多变的国际形势下，党中央对科技信息工

---

① 张丽丽，温亮明，石蕾，等. 国内外科学数据管理与开放共享的最新进展[J]. 中国科学院院刊，2018，33（8）：774-782.

作的重视。

习近平总书记提出要把论文写在祖国大地上,而《中国科技期刊发展蓝皮书(2020)》的数据显示,2009—2018年我国英文科技论文总体发文量增长了70.10%,而中文科技期刊总发文量则下降了2.64%。这一现象一方面说明我国的科研实力在不断增强,另一方面也反映出目前我国并未形成具有国际影响力的科研信息交流平台,我国的科研成果并未踏踏实实写在祖国大地上,不利于形成国际科技话语权。

增强我国的国际科技话语权要"软硬兼施"。国家重大科技基础设施、世界一流大学和科研院所、原始创新成果都是国家硬实力的重要体现,因此,"十四五"规划纲要明确提出要布局国家重大科技基础设施、建设综合性国家创新中心。除此之外,也不能忽略软环境的建设。科技智库、国际科技期刊、科技传播体系、重要国际学术会议等构成了科技软环境[①]。构建国家科研论文和科技信息高端交流平台有助于构建科技软环境,更好地增强我国的科技话语权。

---

① 刘天星. 掌握国际科技话语权[N]. 光明日报,2017-06-22(13).

第四章

以创新体系建设支撑企业创新能力

第一节

创新激励政策

一、创新激励政策的现状

（一）定义及分类

创新激励政策是政府制定的，用于推动科技创新发展、激励和规范科技创新行为、完善科技创新体系的一系列政策的总和。创新激励政策适用于企业、大学、科研院所等多种主体，本书主要考察那些将企业作为激励对象的政策。一般而言，公共政策可以从直接补贴、税收减免或优惠、知识产权保护，以及提供融资和人力资源培训等途径支持企业的研发活动[1]。根据科技创新的环节分类，创新激励政策可以分为针对基础研究、应用研究、试验发展等不同阶段的政策。根据政策的作用对象分类，创新激励政策可分为功能性（环境性或普适性）政策和选择性（瞄准性）政策[2]。其中，功能性政策主要包括营商环境优化、知识产权保护、人才培育、公共

---

[1] 江静. 公共政策对企业创新支持的绩效：基于直接补贴与税收优惠的比较分析[J]. 科研管理，2011, 32 (4)：1-8.
[2] 安志. 面向企业的政府创新激励政策效应研究[D]. 南京：南京大学，2019.

基础设施建设以及普适性的税收优惠和金融支持等;选择性政策包括科技项目、科技认定和税收优惠。另外,创新激励政策还可划分为创新服务体系类、知识产权和成果转化类、企业认定类、财税支持类和人才政策[①]。

根据政策发挥作用的机制,创新激励政策还可分为直接干预和间接引导两种方式。直接干预主要包括目录指导、市场准入、项目审批和核准、技术管制、环境保护管制和生产安全管制等措施。直接干预中政府对市场准入和投资项目的审批等措施,会影响企业进入和退出的门槛,改变行业内的市场竞争水平,进而通过市场竞争机制影响企业创新的投入和激励。另外,直接干预中对信贷、土地等资源的审批,也会影响那些间接引导政策工具发挥作用。

间接引导创新激励的主要政策工具包括相关的财政政策和金融政策,而政府补贴和税收优惠又是财政政策的重要政策工具[②]。为了促进企业技术创新,国家财政相关部门出台了一系列鼓励创新的财政补贴政策和税收优惠政策。企业可以享受的财政补助项目包括财政贴息、政府科技奖励、高新技术成果转化项目扶持资金、补贴收入、创新资金、专利培育企业奖励等。同时,税收优惠用以免除或者减轻纳税人的税收负担,主要包括减免企业所得税、增值税、个人所得税和关税等。其中,企业所得税优惠政策最多,主要是降低税率、税额、税基。2008年施行的《企业所得税法》及其实施条例针对科技创新提出了一系列优惠政策。首先,对被认定的高新技术企业,减按15%的税率征收企业所得税。其次,对企业的研究开发

---

① 王敏,伊藤亚圣,李卓然. 科技创新政策层次、类型与企业创新:基于调查数据的实证分析[J]. 科学学与科学技术管理,2017,38(11):20-30.
② 杨国超,芮萌. 高新技术企业税收减免政策的激励效应与迎合效应[J]. 经济研究,2020,55(9):174-191.

费用按规定加计扣除，免征、减征技术转让的企业所得税。

金融政策主要包括银行信贷政策、股票市场首次发行上市和再融资政策等。具体措施包括放松对高新技术产业的银行信贷审批以及股票市场IPO和再融资资格的审批，将大量资源引向高新技术产业，进而缓解企业创新活动面临的融资约束。除此以外，政府还可以对纳入科技部门项目库的企业按要求进行贴息，对银行向中小微企业发放贷款产生的坏账进行风险补偿；成立高新技术投资担保集团，设立再担保资金，重点为高技术产业、战略性新兴产业、地区特色产业等各类创新型企业提供信用再担保风险分担比例，推动担保对初创期、成长期高新技术企业的融资支持。这些政策不仅会直接影响企业创新活动所面临的融资约束，而且会改变企业创新活动的外部经济环境。表4-1是近年来一些具体的创新激励相关政策。

表4-1 创新激励相关政策

类别	年份	政策
科技产业开发区	2009	《关于发挥国家高新技术产业开发区作用促进经济平稳较快发展的若干意见》
	2020	《关于促进国家高新技术产业开发区高质量发展的若干意见》
科技成果转化类	2015	《中华人民共和国促进科技成果转化法》
	2017	《关于加强高等学校科技成果转移转化工作的若干意见》
科技人才培养与评价类	2016	《关于深化人才发展体制机制改革的意见》
	2018	《关于抓好赋予科研机构和人员更大自主权有关文件贯彻落实工作的通知》
科技创新激励类	2016	《关于做好中央科技型企业股权和分红激励工作的通知》
	2017	《关于深化科技奖励制度改革的方案》

续表

类别	年份	政策
科技金融与税收类	2015	《关于完善研究开发费用税前加计扣除政策的通知》
	2016	《关于完善股权激励和技术入股有关所得税政策的通知》

(二) 创新激励政策的演进阶段

根据 OECD 和中国科技部 2009 年以中国国家科技战略会议为标志进行的划分，我国的创新激励政策演进大致可以分为四个阶段。第一阶段：1978—1985 年，意识觉醒阶段。1978 年的改革开放成为我国科技体制改革的起点。邓小平提出了"科学技术是第一生产力"的重要论断，首先从思想观念上强化了对科学技术的认知。《1978—1985 年全国科学技术发展规划纲要（草案）》又从政策法规上强化了对科学技术的认知。该阶段，我国开始由计划经济转向有计划的商品经济，所以还是以计划经济为主。第二阶段：1986—1994 年，探索尝试阶段。该阶段政府功能发生调整，逐渐重视市场对科技创新的刺激作用，1985 年发布的《关于科学技术体制改革的决定》成为科技体制改革开启的标志。第三阶段：1995—2005 年，改革深化阶段。1995 年"科教兴国"战略的确立，标志着我国科技体制改革进入到了深化阶段。为了加强创新成果的市场转化，国家还颁布了《关于进一步支持国家高新技术产业开发区发展的决定》等相关文件，全方位实施了国家高新技术产业开发区项目。第四阶段：2006 年至今，蓬勃发展阶段。该阶段创新型国家战略被提出，《国家中长期科学和技术发展规划纲要（2006—2020 年）》被颁布。市场化是我国始终坚持的导向，初步形成了服务科技创新的财政政策体系。"十四五"规划指出，要从研发投入、基础技术研发和创新服务体系三个方面出发提高企业技术创新能力。

(三) 创新激励政策的现状

1. 企业科技活动

纵观 2004—2019 年规模以上工业企业的科技活动基本情况,可以发现,其基本呈现出飞速增长的态势。有研发活动的企业数量从 2004 年的 1.71 万家到 2019 年的 12.92 万家,20 年间增长了 6.6 倍,占比也从 6.2% 增长到 34.2%,也就是说,到 2019 年有超过三分之一的企业都在从事研发创新活动①。除了研发阶段的惊人表现之外,创新成果也同样展现出了不凡的业绩。正如图 4-1 所示,规模以上工业企业的新产品销售收入一直在飞速增长,几乎增长了 10 倍。可见我国的创新型国家战略在企业这个微观主体上取得了显著成效。

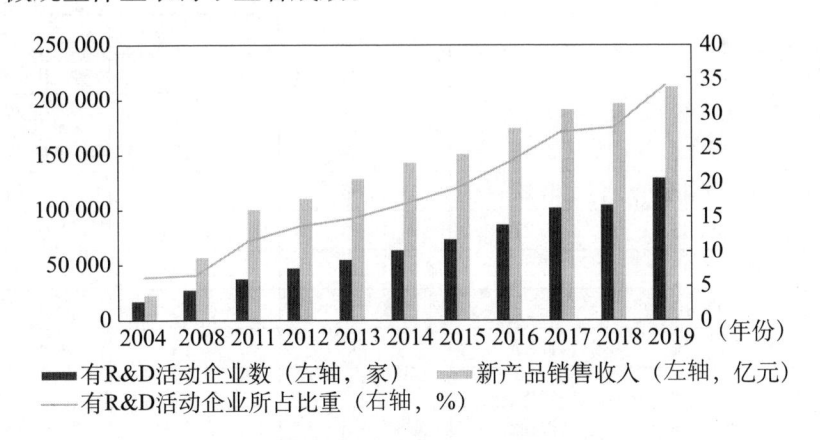

图 4-1 中国规模以上工业企业的科技活动基本情况

资料来源:国家统计局社会科技和文化产业统计司,科学技术部战略规划司. 中国科技统计年鉴 2020 [M]. 北京:中国统计出版社,2020.

---

① 国家统计局社会科技和文化产业统计司,科学技术部战略规划司. 中国科技统计年鉴 2020 [M]. 北京:中国统计出版社,2020.

与此同时，从表4-2可以发现，虽然中国的研发费用一直在快速增长，在GDP中的占比也不断上升，但是研发费用中，基础研究费用占比几乎不变，应用研究费用占比和试验发展费用占比却呈现出相反的趋势，应用研究费用占比不断下降最后稳定在11%左右，试验发展费用不断增长最终稳定在83%左右，占据了绝对优势。相较于基础研究和应用研究侧重扩大科学技术知识，试验研究更注重新材料、新产品、新工艺、新服务等工作的实质性改善。总之，国家一直在努力引导企业将技术转化为产出，最终提高生产效率。

表4-2 全国研究与试验发展（R&D）经费内部支出

年份	R&D经费内部支出（亿元）	R&D经费与GDP之比	基础研究费用占比	应用研究费用占比	试验发展费用占比
1995	348.69	0.57	0.05	0.26	0.68
1996	404.48	0.56	0.05	0.25	0.70
1997	509.16	0.64	0.05	0.26	0.69
1998	551.12	0.65	0.05	0.23	0.72
1999	678.91	0.75	0.05	0.22	0.73
2000	895.66	0.89	0.05	0.17	0.78
2001	1 042.49	0.94	0.05	0.18	0.77
2002	1 287.64	1.06	0.06	0.19	0.75
2003	1 539.63	1.12	0.06	0.20	0.74
2004	1 966.33	1.21	0.06	0.20	0.74
2005	2 449.97	1.31	0.05	0.18	0.77
2006	3 003.10	1.37	0.05	0.16	0.79
2007	3 710.24	1.37	0.05	0.13	0.82
2008	4 616.02	1.45	0.05	0.12	0.83
2009	5 802.11	1.66	0.05	0.13	0.83
2010	7 062.58	1.71	0.05	0.13	0.83
2011	8 687.01	1.78	0.05	0.12	0.83
2012	10 298.41	1.91	0.05	0.11	0.84
2013	11 846.60	2.00	0.05	0.11	0.85
2014	13 015.63	2.02	0.05	0.11	0.85
2015	14 169.88	2.06	0.05	0.11	0.84

续表

年份	R&D 经费内部支出（亿元）	R&D 经费与 GDP 之比	基础研究费用占比	应用研究费用占比	试验发展费用占比
2016	15 676.75	2.10	0.05	0.10	0.84
2017	17 606.13	2.12	0.06	0.11	0.84
2018	19 677.93	2.14	0.06	0.11	0.83
2019	22 143.58	2.23	0.06	0.11	0.83

资料来源：国家统计局社会科技和文化产业统计司，科学技术部战略规划司.中国科技统计年鉴 2020 [M]. 北京：中国统计出版社，2020.

2. 财政补贴

企业研发投入主要来源于企业自有资金、政府支持、外部融资。从表 4-2 可以看出，2019 年，全国 R&D 经费内部支出 22 143.6 亿元，而由表 4-3 可以发现，其中政府资金为 4 537.3 亿元，企业资金为 16 887.2 亿元，国外资金为 23.9 亿元，其他资金为 659.2 亿元。总体看，资金以政府资金和企业资金为主，但政府资金占比在不断下降。

表 4-3　按资金来源分研究与试验发展（R&D）经费内部支出

年份	政府资金（亿元）	企业资金（亿元）	国外资金（亿元）	其他资金（亿元）	政府资金占比
2004	523.6	1 291.3	25.2	126.2	0.27
2005	645.4	1 642.5	22.7	139.4	0.26
2006	742.1	2 073.7	48.4	138.9	0.25
2007	913.5	2 611.0	50.0	135.8	0.25
2008	1 088.9	3 311.5	57.2	158.4	0.24
2009	1 358.3	4 162.7	78.1	203.0	0.23
2010	1 696.3	5 063.1	92.1	211.0	0.24
2011	1 883.0	6 420.6	116.2	267.2	0.22
2012	2 221.4	7 625.0	100.4	351.6	0.22
2013	2 500.6	8 837.7	105.9	402.5	0.21
2014	2 636.1	9 816.5	107.6	455.5	0.20
2015	3 013.2	10 588.6	105.2	462.9	0.21
2016	3 140.8	11 923.5	103.2	509.2	0.20
2017	3 487.4	13 464.9	113.3	540.5	0.20

续表

年份	政府资金（亿元）	企业资金（亿元）	国外资金（亿元）	其他资金（亿元）	政府资金占比
2018	3 978.6	15 079.3	71.4	548.6	0.20
2019	4 537.3	16 887.2	23.9	695.2	0.20

资料来源：国家统计局社会科技和文化产业统计司，科学技术部战略规划司. 中国科技统计年鉴2020 [M]. 北京：中国统计出版社，2020.

随着科技创新重要性的日益提高，我国的财政科技投入逐年增加。如图4-2所示，我国的财政科技投入由2009年的3 276.8亿元增加到2019年的10 717.4亿元。其中，中央拨款和地方拨款均有所增加，但是中央拨款和地方拨款占比却表现出明显相反的走势，即中央占比越来越低，而地方占比越来越高，并在2010年实现了反超。相较于中央财政科技拨款数量的稳步增长，地方拨款飞速提高，于2019年达到中央拨款的1.5倍。中央财政科技支出主要用于基础研究以及具有国家战略意义的科学技术领域等；而地方财政科技支出主要用于与地方产业、经济发展密切相关的科技领域等。

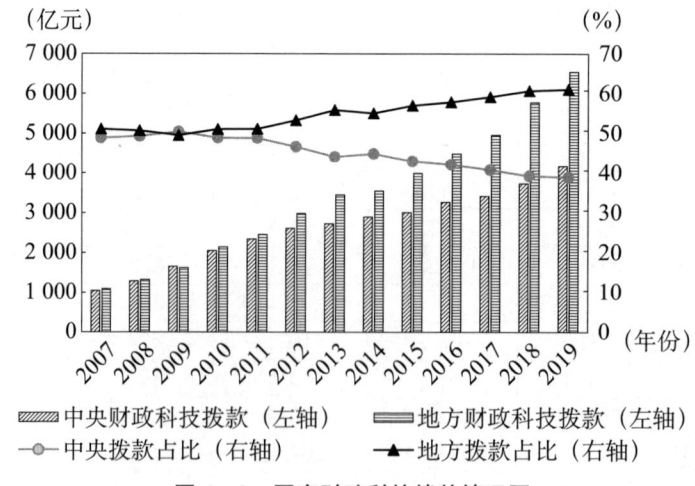

图4-2　国家财政科技拨款情况图

资料来源：国家统计局全国科技经费投入统计公报。

3. 税收优惠政策

鼓励研发的税收政策主要划分为直接税收支持政策和间接税收支持政策。直接税收支持政策以低税率支持和税收减免为主,而间接税收支持政策以加速折旧、费用扣除等为主。图4-3展示了2015年各地区研究开发费用加计扣除减免税以及高新技术减免税对比情况。从中可以看出,东部、中部、西部和东北地区研究开发费用加计扣除减免税分别为314.66亿元、71.30亿元、38.94亿元和24.37亿元,而高新技术企业减免税分别为533.80亿元、109.97亿元、30.60亿元和27.97亿元。东部地区经济发达,集聚了众多创新企业,而中西部和东北地区的创新企业较少,导致东部地区企业研发加计扣除减免税和高新技术企业减免税均是其他地区总和的两倍以上。

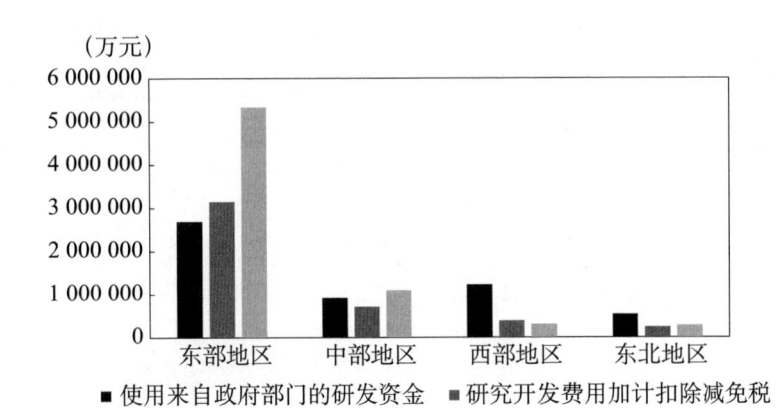

图4-3 各地区企业对政府相关政策落实情况图

资料来源:国家统计局,国家发展和改革委员会. 工业企业科技活动统计年鉴2016 [M]. 北京:中国统计出版社,2016.

4. 高新技术产业开发区

中国国家高新技术产业开发区于1988年经国务院批准开始建立。截至 2019 年，国家高新技术产业开发区企业研发支出为 8 259 亿元，占全国企业投入的 50%[①]。与上述政府补贴和税收优惠不同的是，高新技术产业开发区旨在将科技成果转化为现实生产力，引领高端制造业和高端生产性服务业，不再局限于技术成果。如图 4-4 所示，在 2009 年之前，中国国家级高新区的数量几乎没有什么变化，但是 2009 年之后，在《关于发挥国家高新技术产业开发区作用促进经济平稳较快发展的若干意见》的号召下，中国国家级高新技术产业开发区的数量直线上升。表 4-4 提供了 2019 年各省份国家高新技术产业开发区数量，从中可以发现，江苏省位居榜首，占全国总数量的约十分之一，紧随其后的是广东、山东和湖北，这四个省份的数量总和是全国数量的三分之一。

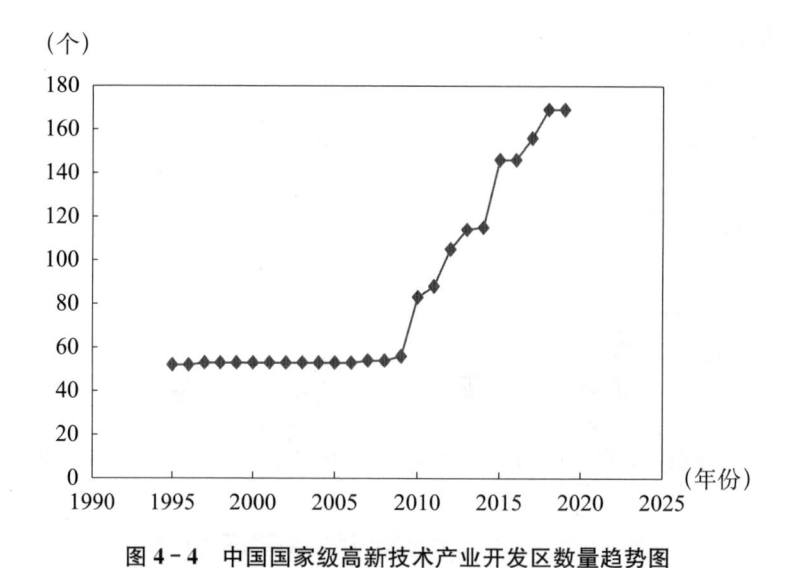

图 4-4　中国国家级高新技术产业开发区数量趋势图

资料来源：据中华人民共和国科学技术部网站数据整理。

---

① 国家高新区已成为我国国民经济发展重要支撑和增长点 [EB/OL]．(2020-07-23) [2020-07-23]．http://www.scio.gov.cn/32344/32345/42294/43330/zy43334/Document/1684321/1684321.htm.

表 4-4　2019 年各省份国家级高新技术产业开发区数量　　单位：个

省份	高新区数量	省份	高新区数量
江苏	17	广西	4
广东	14	重庆	4
山东	13	内蒙古	3
湖北	12	黑龙江	3
江西	9	新疆	3
辽宁	8	云南	3
浙江	8	上海	2
四川	8	贵州	2
湖南	8	甘肃	2
福建	7	宁夏	2
河南	7	山西	2
陕西	7	北京	1
安徽	6	天津	1
河北	5	海南	1
吉林	5	青海	1

资料来源：据中华人民共和国科学技术部网站数据整理。

二、创新激励政策的效果

创新激励政策虽然旨在推动科技创新发展，但是市场运行的不规律性以及政府失灵等问题对企业创新也具有不同程度的抑制作用。

（一）积极效果

1. 降低研发成本和研发风险

企业创新投入周期较长，面临着较高的失败风险，因此需要持续的研发投入。如果只有企业本身的资金支持，那么高额的研发成本以及较高的不确定性对企业的创新活动具有比较消极的后果。而政府补贴政策能够直接从资金方面提高研发支出，降低企业的创新成本；税收优惠政策则通过事后的资金补偿方式，引导企业在追求利润最大化的同时按照政府调控的目标进行研发活动，刺激企业进行研发投入和创新产出。不论是直接的还是间接的财政政策，都首先从资金方面解决了企业研发创新的难题，稳定了企业的科技改革之路。

2. 缓解融资约束

所谓融资约束，指的是信息不对称问题造成的企业内外部融资成本的差异。在我国的市场环境下，考虑到研发活动较高的不确定性和失败风险，较多企业外部融资的成功率偏低。政府的财政补贴可以缓解企业的资金压力和融资约束，充实企业的现金流，从而使企业有余力将更多的资金用在研发活动上。而且，企业获得政府补助能够向外释放积极信号，从而争取到更多的社会资源集聚[1]。金融信贷政策从多方面降低了企业的贷款标准，直接提高了企业研发贷款的成功率，有助于产生融资效应，从而提高企业的研发支出。尤其是对于中小企业来说，创新激励政策一方面提供部分资金来源，另一方面降低不确定性和研发风险，有助于促进创新。

3. 提高资源配置效率

研发活动具有很强的正外部性，一家企业的创新成果很容易溢出到竞争企业甚至其他行业企业，导致在市场环境下，研发资金很难达到最优的投资水平。而创新激励政策通过政府运作，有助于克服市场环境下外部性导致的研发投入不足，提升资源配置效率[2]。政府补贴作为一种直接的资金激励方式，有助于降低企业边际研发成本，提高企业研发成功后的边际

---

[1] 郭玥. 政府创新补助的信号传递机制与企业创新[J]. 中国工业经济, 2018 (9): 98-116.

[2] 杨国超, 芮萌. 高新技术企业税收减免政策的激励效应与迎合效应[J]. 经济研究, 2020, 55 (9): 174-191.

收益，促进企业的研发投资。税收优惠通过降低企业的税收成本，提高税后利润，从而使更多的税后收益可以被内部化，可激励企业进行研发投入，弥补市场机制的不足。

4. 聚集高素质人才

从长远来看，国民教育水平和劳动者素质是决定国家创新产出的根本因素[①]。高素质人才是研发创新的主体。没有人，一切都只是纸上谈兵。但是枯燥的科研生活以及较高的不确定性、较长的周期和较低的成功率均可能打击和磨灭高素质人才的自信心和耐心，导致创新效率低下，最终造成人才流失和人力资本错配问题。一则，科技创新人才培养相关政策直接从国家战略角度提出国内人才的培养是重中之重，强调改善科研人员的生活环境和收入补贴，让科研人员进行研发创新没有后顾之忧。二则，财政政策从资金方面缓解了企业压力，降低了将资金压力转嫁到科研人员身上的风险，间接有助于吸引更多的高素质人才进入科技创新领域，客观上也有助于增加要素供给，降低要素价格，起到降低企业研发成本的作用。

5. 改善外部环境

为了实现创新激励的目标，激励更多企业进入科技创新领域，政府部门可能会放松市场准入标准和项目审批限制，从而会在客观上提高行业的市场竞争度[②]。竞争是创新的主要动力之一，更激烈的市场竞争将有效激

---

① 陈林，朱卫平. 出口退税和创新补贴政策效应研究 [J]. 经济研究，2008，43 (11)：74-87.

② 余明桂，范蕊，钟慧洁. 中国产业政策与企业技术创新 [J]. 社会科学文摘，2017 (2)：58-59.

励企业不断采用新技术、开发新产品、变革新流程，造成市场蓬勃创新的景象。除此以外，知识产权制度的逐渐完善有助于提高创新成果保护意识，最大限度地降低"搭便车"造成的研发投入不足问题，促进科研创新的市场化发展。

（二）消极效果

1. 挤出效应

政府支持本质上是一种政府投资。若不考虑申请成本，则企业获得并使用财政补贴的成本为零，自然渴望获得尽可能多的财政补贴。不过，补贴越多越有可能造成企业对政府的依赖性，最终挤出企业投资。由于不少创新激励政策以直接的或间接的研发补贴形式呈现，因此有可能导致企业创新战略的改变，甚至将稀缺的创新资源挪作他用。另外，政府的支持改变了市场环境，降低了企业所面临的竞争的激烈程度，使得企业可以通过一个较低的创新水平来维持自身的运营，从而可能导致部分企业将原本用于创新的资金转向其他非创新用途。

2. 机会主义行为

在信息不对称的情况下，中国企业更容易出现"寻补贴"的道德风险行为，比如聘请实际并不参与研发工作的兼职教授、购置并不使用的研发设备、虚增研发投入等[1]。由于政府很难掌握企业的全部真实信息，因此部分企业选择通过材料包装来达到政府的评审标准和政策门槛，最终导致创新激励政策无法实现预期的效果。在获取政策支持后，企业的道德风险

---

[1] 安同良，周绍东，皮建才. R&D补贴对中国企业自主创新的激励效应 [J]. 经济研究，2009，44 (10)：87-98, 120.

行为也会因为监管机制的不完善而免于处罚。这种政府与企业之间的资助与被资助博弈，极有可能大大削弱政策的激励效应，产生研发创新的泡沫假象。

3. 政府失灵

创新激励政策的评价主体是政府。也就是说，在一定程度上要用政府的判断和选择代替市场机制。企业的创新能力和产品的质量水平应当在市场竞争中明确。然而，大量的创新激励政策是政府部门在利用公信力对企业及其产品的创新水平进行背书，通过行政手段对资源进行再配置，这将导致市场无法发挥正常的调节作用。以政府对企业、产品和技术的选择来代替市场竞争机制的选择，需要政府官员具备关于企业和市场的完全知识。然而，地方政府的自主权以及政府与企业的信息不对称极有可能导致政府失灵和寻租，从而使得政策效果打折。比如，有研究发现，在市场化程度越低的地区，政府的自主权越大、支配的资源越多，企业与政府之间建立的政治联系就越有可能帮助其获得财政补贴[①]。

三、创新激励政策效果的影响因素

（一）企业异质性

政府创新激励政策的实施效果会受到企业异质性因素的影响，如政治关联程度、所有制性质、人力资本水平、企业规模、企业创新效率以及内部控制等。尤其在中国情境下，政府对国有企业的"所有制偏爱"和对大

---

① 潘红波，余明桂. 政治关系、控股股东利益输送与民营企业绩效 [J]. 南开管理评论，2010，13 (4)：14-27.

型企业的"规模偏爱"是我国优惠政策配置中的主要特点。比如，戴小勇和成力为研究发现，政府财政补贴同企业的 R&D 投入之间存在一种非线性相关关系，对于制造业国有企业存在最佳的补贴比例区间，在此区间内的财政补贴才具有显著的挤入效应，但是对于私营企业而言，财政补贴只有挤入效应，没有表现出挤出效应[①]。郑江淮和张玉昌通过对工业企业科技活动数据的分析认为，企业规模越大、人力资本水平越高、劳动生产效率越高，政府研发补贴的影响效应越大，并且非国有企业的研发创新产出要高于国有企业[②]。陈红等基于上市公司的研究认为，研发补贴和内部控制能够显著提升企业 R&D 投入、专利申请量以及企业的毛利率，企业自身的内部控制能够对研发补贴绩效产生显著的提升作用[③]。

（二）环境异质性

环境的异质性与创新激励政策实施效果之间也有关系。环境包括政府治理水平、市场结构、知识产权保护程度、金融发展程度等，良好的制度环境有助于提升创新激励政策的实施效果。Hu 和 Jefferson 使用中国中小工业企业数据研究发现，2001 年实施的新《专利法》、外资的增长以及研发活动的日益活跃都是中国专利爆发式增长的重要原因[④]。王海成和吕铁基于广东省知识产权刑事、民事和行政案件"三审合一"的准自然试验的

---

① 戴小勇，成力为. 财政补贴政策对企业研发投入的门槛效应 [J]. 科研管理，2014，35（6）：68 – 76.

② 郑江淮，张玉昌. 政府研发资助促进企业创新的有效性：激励效应异质性假说与检验 [J]. 经济理论与经济管理，2019（12）：17 – 34.

③ 陈红，纳超洪，雨田木子，等. 内部控制与研发补贴绩效研究 [J]. 管理世界，2018，34（12）：149 – 164.

④ HU A G, JEFFERSON G H. A great wall of patents: what is behind China's recent patent explosion? [J]. Journal of development economics，2008，90（1）：57 – 68.

研究表明,"三审合一"通过激励企业加大研发投入对企业创新具有显著的激励作用①。张杰等通过对科技型中小企业技术创新基金和工业企业数据库的合并数据进行分析,发现中国情境下政府创新补贴政策的挤入效应受到相关制度的影响:在知识产权保护制度完善程度越低的地区,这种促进效应表现得越明显;而在那些金融发展更为滞后的地区,以贷款贴息为形式的政府补贴表现出更为显著的挤入效应,而无偿资助等类型的政府创新补贴政策却无此效应②。顾夏铭等利用中国经济政策不确定性指数和上市公司的创新数据实证研究发现,当经济政策不确定性上升时,拥有更多政府补贴的企业创新投入、发明专利申请量和实用新型专利申请量均有显著的提升③。

(三) 政策异质性

正如上文所述,创新激励财政政策同时具有积极的和消极的效果。大部分学者的研究认为,科技拨款和税收减免这两项政策都可以显著促进企业增加研发投入,但是,减税政策比政府拨款更能够有效地促进企业创新,而且政府的直接拨款甚至会因消极作用超过积极作用而产生负面影响。陈林和朱卫平发现降低低技术品出口退税率能有效激励本国创新产出,而以"科技三项费"为代表的创新补贴并没有明显刺激创新产出的增长④。江静利用全国第一次经济普查的企业数据分析发现,政府直接补贴

---

① 王海成,吕铁. 知识产权司法保护与企业创新:基于广东省知识产权案件"三审合一"的准自然试验 [J]. 管理世界,2016 (10):118-133.
② 张杰,陈志远,杨连星,等. 中国创新补贴政策的绩效评估:理论与证据 [J]. 经济研究,2015, 50 (10):4-17, 33.
③ 顾夏铭,陈勇民,潘士远. 经济政策不确定性与创新:基于我国上市公司的实证分析 [J]. 经济研究,2018, 53 (2):109-123.
④ 陈林,朱卫平. 出口退税和创新补贴政策效应研究 [J]. 经济研究,2008, 43 (11):74-87.

对内资企业的研发强度可以产生显著的促进作用，但是对于港澳台投资企业而言，只有税收优惠政策展现出了显著的促进作用[1]。邓子基和杨志宏通过对技术创新的不同阶段进行研究发现，研发阶段对补贴更为敏感，成果转化阶段对补贴和税收优惠的敏感性大体相当，产业化生产阶段对政府采购政策更为敏感[2]。陈强远等发现，能否提高创新质量和数量取决于政策类型，以研发费用加计扣除为代表的普适性政策只能提高创新数量，以高新技术企业认定和高新技术企业所得税减免为代表的选择支持型政策可以同时提升创新质量和数量，而以政府科技活动资金投入为代表的自由裁量型政策对二者都无显著影响[3]。

除了财政补贴和税收优惠之间的政策异质性之外，林洲钰等通过对企业所得税改革等外生事件进行研究发现，不同的税收优惠政策对企业创新的作用有差异。减税政策对大型企业、装备制造业企业、市场化程度较高地区企业、法律约束水平较高地区企业和税费负担较重地区企业技术创新活动的作用更大，而研发费用抵扣政策对中小企业技术创新活动的作用更大。而且，税收政策和补贴政策对企业技术创新的影响存在替代关系，补贴政策在一定程度上削弱了税收激励政策对企业技术创新活动的促进作用[4]。郝项超等研究了融资融券政策对中国上市公司创新数量与质量的影响。他们发现融券促进了创新数量与质量的同步提升，而融资却导致创新

---

[1] 江静. 公共政策对企业创新支持的绩效：基于直接补贴与税收优惠的比较分析 [J]. 科研管理，2011, 32 (4)：1-8.

[2] 邓子基，杨志宏. 财税政策激励企业技术创新的理论与实证分析 [J]. 财贸经济，2011 (5)：5-10, 136.

[3] 陈强远，林思彤，张醒. 中国技术创新激励政策：激励了数量还是质量 [J]. 中国工业经济，2020 (4)：79-96.

[4] 林洲钰，林汉川，邓兴华. 所得税改革与中国企业技术创新 [J]. 中国工业经济，2013 (3)：111-123.

数量与质量同步下降[①]。

四、创新激励政策存在的问题

虽然创新激励政策不断加强,但受市场经济体制转型、政策管理的局限性以及企业技术创新倾向性等因素的影响,仍然存在着政策的激励作用不充分、地区不协调、契约不完备等问题。

(一) 政策的激励作用不充分

图4-5给出了2005—2019年间国家财政科技拨款及其占公共财政支出比重的变动情况。从图中可以看出,尽管财政科技拨款规模不断扩大,但财政科技拨款的高速增长并不意味着政府对科技创新活动的支持与经济规模相适应。

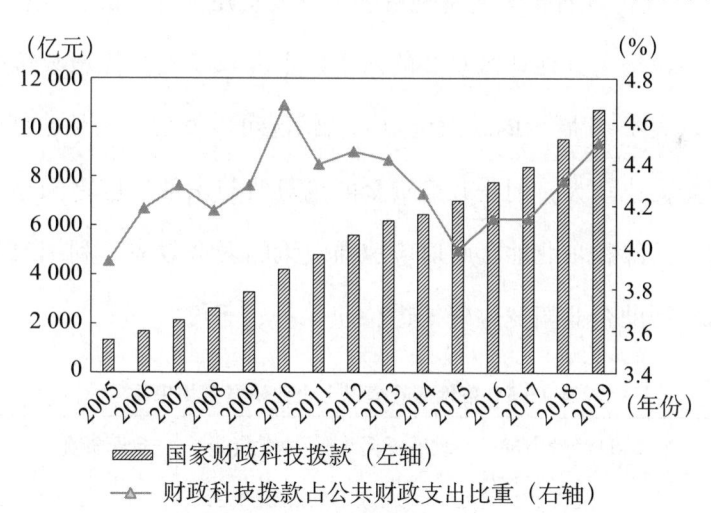

图4-5 国家财政科技拨款及其占公共财政支出比重

资料来源:国家统计局社会科技和文化产业统计司,科学技术部战略规划司.中国科技统计年鉴2020 [M].北京:中国统计出版社,2020.

---

① 郝项超,梁琪,李政.融资融券与企业创新:基于数量与质量视角的分析 [J].经济研究,2018,53 (6):127-141.

具体而言，从财政科技拨款占公共财政支出比重来看，其并没有呈现出明显的上升趋势，而是在螺旋上升。这说明，对创新活动的财政政策投入仍有很大的增长空间。但同时也要注意，政策支持不是万能的，超过一定量也可能引起反效果。因此，政府既要注意支持力度不够引起的研发投入不足、资金匮乏问题，同时也要防范过高强度激励导致的创新动力不足、虚假研发活动等问题。

（二）地区不协调

协调是企业持续、健康发展的内在要求，增强协调性才能保障企业创新驱动发展行稳致远。然而，现阶段财政激励政策地区不协调现象仍然突出。从图 4-3 可以看出，东部地区研究开发费用加计扣除减免税和高新技术企业减免税均是其他地区总和的两倍以上。除了税收优惠政策的实施效果之外，从表 4-5 展示的政府资金支持情况可以发现，虽然西部和东北地区政府资金占比较大，但是政府资金的绝对值与东部地区之间还有较大差异。因此，西部和东北地区政府应加强政策的融资效应，利用政策释放出积极信号，帮助企业拓宽融资渠道。

表 4-5 各地区规模以上企业研发费用来源

地区	R&D 经费内部支出（万元）	政府资金（万元）	企业资金（万元）	政府资金占比	企业资金占比
东部地区	91 433 695	3 201 947	88 221 411	0.035	0.965
中部地区	28 232 114	982 074	27 242 063	0.035	0.965
西部地区	15 543 750	1 110 591	14 431 334	0.072	0.928
东北地区	4 501 430	453 257	4 047 323	0.101	0.899

资料来源：国家统计局社会科技和文化产业统计司，科学技术部战略规划司. 中国科技统计年鉴 2020 [M]. 北京：中国统计出版社，2020.

注：R&D 经费内部支出来源包括政府资金、企业资金、国外资金和其他资金，此处列举作为主要来源的政府资金和企业资金及其占比情况。各地区政府资金和企业资金总和的占比均超过 99.9%。

表4-4显示,东部地区的国家级高新技术产业开发区明显多于中西部地区。当然,这需要考虑地理位置和经济发展水平,但是这也导致了非东部地区的高新技术产业园区只能获得更少的资金支持和更弱的外部溢出效应及辐射效应。因此,政府在建立园区时应更多地考虑到地区因素,因地制宜,加快中西部地区市场化、规范化发展,平衡政策倾向性,消除高新技术产业开发区制度的政策"扭曲效应",提高高新技术产业园区的整体创新效率和生产效率。

(三) 契约不完备

正如上文所述,创新激励政策存在挤出效应、逆向选择、道德风险以及政府失灵等消极效果。导致创新激励政策同时产生积极效果和消极效果的根源在于,政策实质上是政府与企业之间签订的一种不完全契约,而契约完备程度的高低决定了政策实施效果的好坏。由于信息不对称以及市场监管的不完善,机会主义者有机可乘,政府无法准确区分出哪些是真正需要政策激励的企业,严重时还会产生寻租问题。杨国超和芮萌发现,创新激励政策既有利于促进真高新技术企业提高研发投入和创新产出,也会让假高新技术企业不惜一切代价只为迎合政策要求,最终导致逆向选择、政策失灵和资源浪费等严重问题[①]。因此,政府部门需要提高技术审核和项目监管能力,多方面规范企业考核指标,多阶段查收企业创新成果,坚决杜绝"寻补贴"现象的发生。

五、中小企业创新激励相关政策

中小企业在国民经济中具有举足轻重的地位,但是,在创新方面,中

---

① 杨国超,芮萌. 高新技术企业税收减免政策的激励效应与迎合效应 [J]. 经济研究,2020,55 (9): 174-191.

小企业与大型企业之间有着巨大的鸿沟。如图 4-6 所示，实现一种创新的大型企业有近七成，而中型企业不到一半，微型企业更是只有两成。同时实现四种创新的大型企业比例达到了五分之一，而中型企业只有大型企业的一半。在工艺创新、产品创新、营销创新和组织创新这四种创新中，中小企业在营销创新和组织创新方面旗鼓相当，大型企业在组织创新上更胜一筹。但所有企业实现产品创新的比重都是最低的。

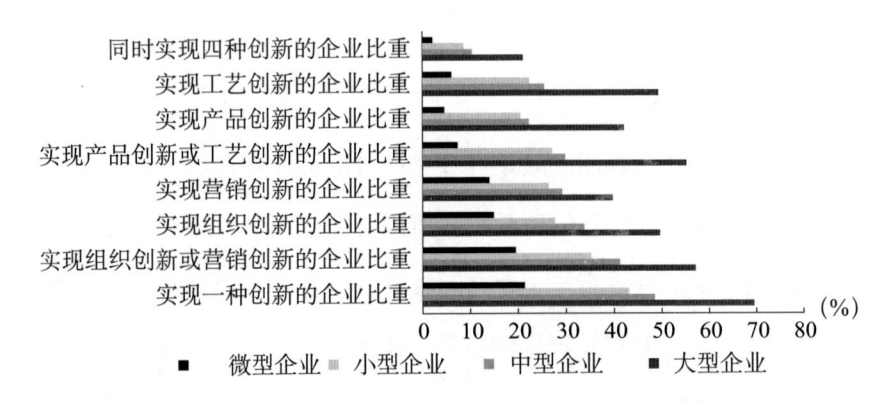

图 4-6 实现一种或多种创新的不同规模企业占总企业的比重

资料来源：国家统计局社会科技和文化产业统计司，科学技术部战略规划司. 中国科技统计年鉴 2020 [M]. 北京：中国统计出版社，2020.

国家也颁布了很多针对中小企业的创新激励政策。表 4-6 梳理了部分中小企业创新激励政策。从政策效果来看，张杰等发现，中国情境下政府创新补贴对中小企业研发并未表现出显著的效应，但在那些知识产权保护制度完善程度非常低的地区，政府创新补贴政策能促进企业研发的提升[1]。刘春林和田玲运用信号理论并结合中国上市公司数据实证研究发现，人才政策对中小企业和处于环境制度较不完善、高端人才供给不足区域的企业

---

[1] 张杰，陈志远，杨连星，等. 中国创新补贴政策的绩效评估：理论与证据 [J]. 经济研究，2015, 50 (10)：4-17, 33.

创新效果更为显著[①]。因此，政府应加强对中小企业的人才政策激励，利用高素质人才推动中小企业开展研发创新活动。

表 4-6 部分中小企业创新激励政策

类别	年份	政策	具体内容
财税政策	2002	《中华人民共和国中小企业促进法》	设立中小企业发展资金
	2009	《关于小型微利企业有关企业所得税政策的通知》	降低小微企业税率
人才政策	2009	《国务院关于进一步促进中小企业发展的若干意见》	加强对中小企业技术和管理人员的培训
政府采购	2020	《政府采购促进中小企业发展管理办法》	政府采购部门必须预留采购份额用于采购中小企业的产品
知识产权保护	2021	《知识产权强国建设纲要（2021—2035 年）》	深化实施中小企业知识产权战略推进工程

图 4-7 是分企业规模政府相关政策落实情况。2015 年，中小企业研发经费内部支出、政府资金、高新技术企业减免税、研究开发费用加计扣除减免税依次是 2 267 亿元、81 亿元、196 亿元和 110 亿元；大型企业研发经费内部支出、政府资金、高新技术企业减免税、研究开发费用加计扣除减免税分别为 5 526 亿元、268 亿元、388 亿元、225 亿元，均为中小企业的数倍。大型企业获得的财政支持比中小企业大得多，大型企业也更容易满足财政优惠政策享受条件，而中小企业难以满足财政优惠政策条件，因此政府应该扩大中小企业的财政优惠政策范围，让更多的中小企业享受政策红利，从而促进中小企业创新发展。

---

① 刘春林，田玲. 人才政策"背书"能否促进企业创新[J]. 中国工业经济，2021（3）：156-173.

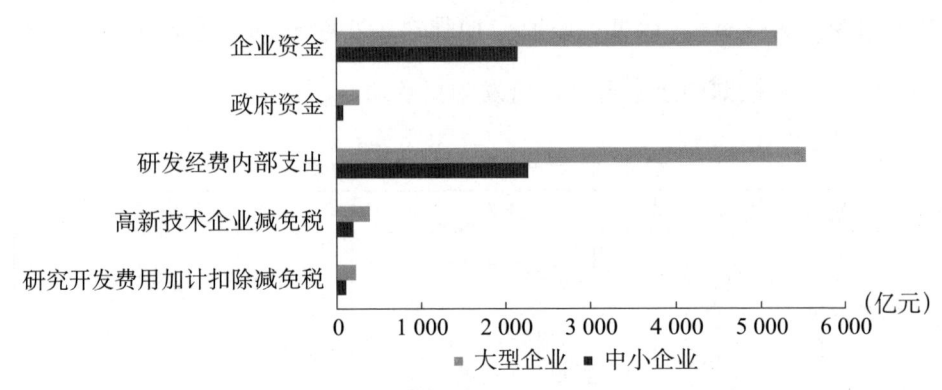

图 4-7　企业创新激励政策落实情况对比图（2015 年）

资料来源：国家统计局，国家发展和改革委员会. 工业企业科技活动统计年鉴 2016 [M]. 北京：中国统计出版社，2016.

第二节

创新服务体系

企业创新能力可能是影响国家创新能力的短期因素，而支持企业创新能力的科技创新服务体系才是长期影响国家创新能力的更为重要的因素[①]。也就是说，企业创新能力如果没有服务体系的维护和巩固，就很可能只是昙花一现，就很难继续提高。

---

① 刘会武，何燕. 科技创新服务体系的全球演化与中国实践 [J]. 中国高新区，2014 (1)：132-137.

一、创新服务体系定义和演进

与国家创新体系不一样,对于创新服务体系并没有完全一致的定义,而且不同于前者的整体性环境属性,后者更多的是对功能的描述。彭留英和张洪兴认为科技企业创新服务体系是指一个国家或地区中一切有利于科技企业创新、创业的机构、政策和法律、法规的总和,主要包括硬件层面的中介服务网络和软件层面的政策法规[1]。中介服务网络的主要内容从整个创新流程来看可以包括:创新思路、创新前景的分析和预测,信息的收集与整理,操作平台的建设、测试与鉴定,产权保护和交易方式的确立,技术成果营销策划,创新资金使用,产品开发方向等重要问题上的技术支持与服务,等等。

李文元等从不同的功能出发将技术创新服务体系分解为核心层、松散层、衍生层和政府四个部分。其中,核心层的功能是技术研发和技术交易,松散层主要进行融资、人才培训和信息传递,衍生层是为服务机构提供服务,政府则是根据市场失灵制定相关政策法律法规进行宏观调控[2]。杨德祥提出,创新服务体系包括五大关键因素:创新人才、创新创业项目、专利数据库、创新投资和创新孵化基地。其中,创新创业项目是其他四个因素的主要服务对象,分别解决人、财、物和信息问题,保证基础设施和人才资金到位,知识和信息更新及时[3]。总体而言,创新服务体系包

---

[1] 彭留英,张洪兴."市场失灵"、"政府失灵"与民营科技企业创新服务体系[J]. 山东理工大学学报(社会科学版),2008(3):24-27.
[2] 李文元,梅强,顾桂芳. 基于技术创新服务体系的中小企业开放式创新研究[J]. 科技进步与对策,2011,28(16):5-8.
[3] 杨德祥. 国家科技管理信息系统及其创新服务体系构建研究[J]. 科学管理研究,2016,34(3):5-8.

括了可以改善人力资本、提供知识和技术经验与缓解融资约束的所有外部设施和环境。

综合上述定义,本书界定的创新服务体系如图4-8所示,由三部分组成:创新服务机构体系提供创新所需的设施设备和空间,提供研发创新所需的物质基础;科技金融服务体系提供创新活动所依赖的资金;创新政策支撑体系是前面两者的基本保障,从政府层面保证三者的正常运行并进行监督指导。

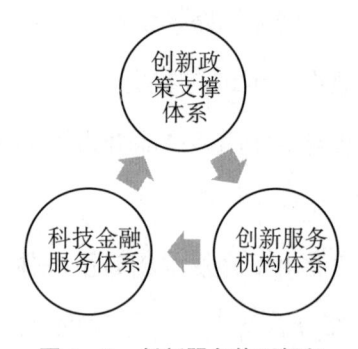

图 4-8 创新服务体系框架

创新服务体系的演变经历了三个阶段:技术创新—国家创新体系—创新生态系统[①]。在20世纪60年代之前,并没有创新体系的概念,企业和政府都认为创新是单独的,只要进行研发投入,就能促进社会进步。直到1987年,英国著名技术创新研究专家弗里曼在研究日本产业政策及创新和经济发展时,首次提出了"国家创新体系"概念,认为组织和制度强力推进了技术创新。从此,该理念便逐渐深入人心。我国在《国民经济和社会发展第十个五年计划纲要》中首次提出"建设国家创新体系"。《国家

---

① 刘会武,何燕.国家高新区面向全球、战略提升主题文章之一 科技创新服务体系的全球演化与中国实践[J].中国高新区,2014(1):132-137.

中长期科学和技术发展规划纲要（2006—2020年）》明确指出，国家科技创新体系是以政府为主导、充分发挥市场配置资源的基础性作用、各类科技创新主体紧密联系和有效互动的社会系统。之后的政策文件也多次提到"加快推进国家创新体系的建设"。进入21世纪，越来越多的学者强调"创新生态系统"这一概念，强调在更大范围内实现资源的优化配置。

二、创新服务机构体系

（一）创新服务机构的分类

在创新基地中，孵化器、加速器和众创空间经常被同时提起。孵化器起源于美国经济衰退期间，为了尽快摆脱经济低迷状态，培育和帮助新创企业发展，企业孵化器商业服务模式应运而生。此后，孵化器便呈现出燎原之势，迅速在全球范围内普遍发展，成为推动技术创新和经济发展的重要利器。学者们一般认为孵化器是一种整合资源的经济组织，其旨在为初创企业提供硬件和软件等多方面的支持和帮助。

在国务院出台的《关于发展众创空间推进大众创新创业的指导意见》和《关于大力推进大众创业万众创新若干政策措施的意见》等文件中，孵化器被定位为推动大众创业万众创新的有力抓手和加快实施创新驱动发展战略的重要载体。早期我国的孵化器多是政府出资，被视为政府推动创新创业的重要工具。随着市场经济的发展，民间资本对科技服务业越来越感兴趣，于是民营孵化器逐渐出现，并以赶超国有孵化器的速度迅猛发展，具体的发展趋势如图4-9所示。民营孵化器将技术、资本和市场有机结合，兼顾市场经济运营规律和政府政策的指导性，能实现资源更合理的配置和更高的运营效率①。

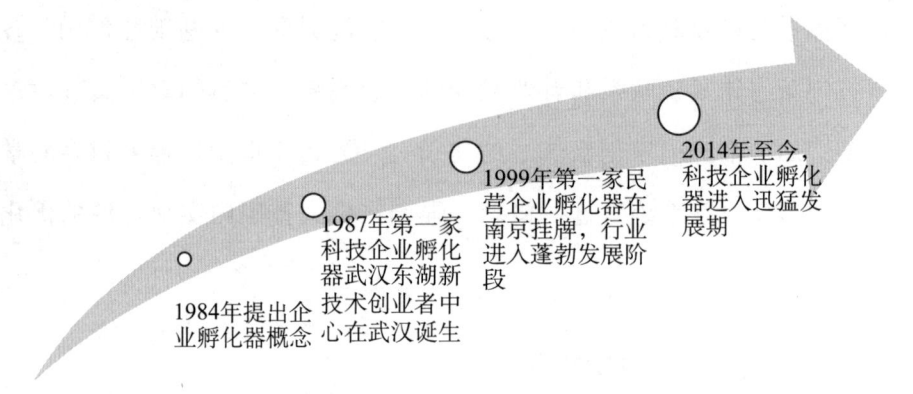

图 4-9 科技企业孵化器发展历程

- 1984年提出企业孵化器概念
- 1987年第一家科技企业孵化器武汉东湖新技术创业者中心在武汉诞生
- 1999年第一家民营企业孵化器在南京挂牌，行业进入蓬勃发展阶段
- 2014年至今，科技企业孵化器进入迅猛发展期

20世纪末，企业加速器又在美国率先诞生，成为技术创新服务体系发展的重要新成员。如果说企业孵化器的出现是为了在经济衰败时期促进新创企业诞生并提高其存活率，那么，企业加速器的出现则是为了在技术创新竞争加剧和新兴产业发展提速的时代背景下加快产业的成长。美国孵化器协会认为，加速器只是孵化器的一种特殊形态，其与一般孵化器的不同只是在于服务对象更侧重于孵化后端的企业。正如其名，加速器解决的是企业成长速度快慢的问题，而孵化器更多的是侧重于企业的生存问题，只有解决了生存问题，才可能存在成长速度问题，因此，加速器是孵化器的一种特殊形态②。

相较之下，众创空间出现较晚，在2015年的《关于发展众创空间推进大众创新创业的指导意见》中首次被国内正式提到。众创空间门槛也较低，硬件条件比较简单，软件和财务支持也仅处于起步阶段，只是服务于

---

① 李湛，刘波，胡文伟. 民营孵化器运营模式与发展环境：文献综述及研究展望[J]. 上海经济，2021 (1)：27-42.

② 程郁，王胜光. 从"孵化器"到"加速器"：培育成长型企业的创新服务体系[J]. 中国科技论坛，2009 (3)：76-81.

创业初期前以及创新初期的企业。众创空间重在聚集具有创新意识和创新想法的人才，以求实现基础设施的利用效率最大化。

(二) 创新服务机构的现状

我国孵化器从概念提出到现在已经经历了 30 多年的发展，创新服务体系不断扩大。根据科学技术部火炬高技术产业开发中心的《中国创业孵化发展报告 2020》，截至 2019 年底，全国创业孵化载体数量达到 13 206 家，其中众创空间 8 000 家，孵化器 5 206 个（见表 4-7）。不过，这些机构的地区分布极不平衡，不管是孵化器还是众创空间，东部地区都占了一半以上。与数量相对应，东部地区的创新基地也贡献了一半以上的总体收入。当然，政府提供的支持资金也是偏向于东部地区。同时，虽然众创空间的数量较孵化器更多，但它并没有创造更多的收入，甚至没有孵化器收入的一半。这应该是与服务的企业类型有关，即众创空间的服务目标一半都处在创业初期，获得收入难度较大。

表 4-7 2019 年各地区创新基地基本情况

地区	众创空间数量（个）	孵化器数量（个）	众创空间收入（亿元）	孵化器总收入（亿元）	众创空间享受财政资金支持额（亿元）	孵化器孵化基金总额（亿元）
东部地区	4 612	3 346	133.0	324.5	22.0	941.0
中部地区	1 512	766	32.3	48.8	6.9	97.2
西部地区	1 518	752	31.5	62.5	5.1	189.5
东北地区	358	342	6.9	14.1	1.3	36.5
合计	8 000	5 206	203.7	449.9	35.3	1 264.2

资料来源：科学技术部火炬高技术产业开发中心。

统计数据还显示，在孵企业和团队的科技成果产出显著。截至 2019 年底，拥有的有效知识产权数共计 90.6 万件，同比增长 38.1%，发明专利共计 16.0 万件。其中，孵化器拥有有效知识产权数为 56.3 万件，同比增长27.7%,包括发明专利9.8万件;众创空间常驻企业和团队拥有有效知识产权34.3万件,同比增长60.2%,包括发明专利6.2万件(见表4-8)。

表4-8 2019年创新基地科技成果

项目	有效知识产权数量(万件)	有效知识产权数量同比增长率(%)	拥有发明专利数量(万件)
创新基地	90.6	38.1	16.0
孵化器	56.3	27.7	9.8
众创空间	34.3	60.2	6.2

资料来源:科学技术部火炬高技术产业开发中心. 中国创业孵化发展报告2020[M]. 北京:科学技术文献出版社,2020.

全国科技企业孵化器不仅培育了大量企业,产生了大量企业收入,而且还相应地创造了大量就业机会。如表4-9所示,截至2019年底,这些孵化器为216 828家在孵企业提供创新相关服务,创造了294.9万人的就业量和8 219.9亿元的收入,累计毕业的企业达到160 850家。

表4-9 全国科技企业孵化器主要指标

年份	在孵企业(家)	累计毕业企业(家)	在孵企业总收入(亿元)	在孵企业从业人员数(万人)
2001	14 270	4 281	422.4	28.4
2002	20 993	6 207	230.5	36.3
2003	27 285	8 981	759.3	48.3
2004	33 213	11 718	1 121.7	55.2
2005	39 491	15 815	1 625.4	71.7
2006	41 434	19 896	1 926.7	79.3
2007	44 750	23 394	2 621.9	93.3
2008	44 346	31 764	1 866.2	92.8
2009	50 511	32 301	2 000.8	101.2
2010	56 382	36 485	3 329.5	117.8
2011	60 936	39 562	3 800.6	125.6
2012	70 217	45 160	4 147.1	143.7
2013	77 677	52 146	3 308.8	158.3

续表

年份	在孵企业（家）	累计毕业企业（家）	在孵企业总收入（亿元）	在孵企业从业人员数（万人）
2014	78 965	61 944	3 696.4	141.7
2015	102 170	74 853	4 810.4	166.2
2016	133 286	89 694	4 792.7	212.1
2017	177 542	110 701	6 335.7	259.6
2018	206 024	139 396	8 343.0	290.2
2019	216 828	160 850	8 219.9	294.9

资料来源：科学技术部火炬高技术产业开发中心。

不过，图4-10显示，虽然科技企业孵化器数量一直在不断增长，但是增长率却不是稳定上升的。尤其值得注意的是，国家级孵化器数量的增长率其实处于一个螺旋下降的趋势，甚至在2018年还出现了负增长。可见，国家级孵化器的要求和标准是比较严格的，而且一些孵化器被发现不符合条件，还会被踢出名单。与国家级孵化器增长率走势不一样的是，全国孵化器数量增长率呈螺旋式上升，但是在2015年之后，增长率一直呈现下降趋势，和我国经济一样，进入了新常态时期。

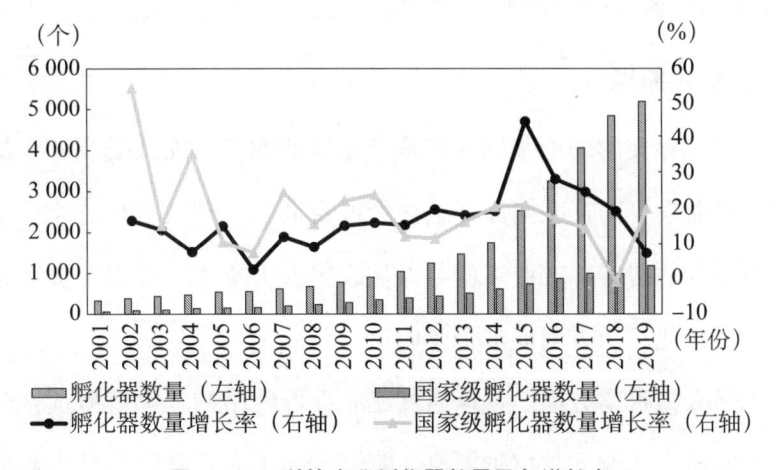

图4-10 科技企业孵化器数量及年增长率

资料来源：科学技术部火炬高技术产业开发中心。

表 4-10 展示了 2019 年众创空间的服务情况。很容易发现，东部地区的服务占据了总体的一半左右。2019 年 8 000 家众创空间服务了 233 767 个团体和 207 082 家企业，平均每个众创空间服务约 30 个团队和 26 家企业。换句话说，每个众创空间给了约 30 个团队和 26 家企业生存发展的信心和帮助。众创空间通过举办创新创业活动、开展教育培训、提供技术支撑增强这些团队和企业创新创业的勇气并提高其创新创业效率，极大地提高了融资成功率和成果转化率。

表 4-10　2019 年众创空间服务情况

地区	服务的创业团队数量（个）	服务的初创企业数量（家）	举办创新创业活动（个）	开展创业教育培训（人）	获得技术支撑服务的团队和企业数量（个）	获得融资的创业团队数量（个）	创业团队获得投资总额（亿元）
东部地区	117 070	119 015	77 274	55 937	52 883	4 627	180.2
中部地区	57 472	40 442	35 576	26 254	21 893	2 616	18.2
西部地区	46 327	34 268	29 302	22 642	17 138	1 819	9.6
东北地区	12 898	13 357	7 264	5 591	5 740	298	1.7
合计	233 767	207 082	149 416	110 424	97 654	9 360	209.7

资料来源：科学技术部火炬高技术产业开发中心。

（三）作用原理

创新基地存在的理论基础其实是产业集群效应。尤其是在如今的互联网时代，产业集群与互联网深度融合发展有助于实现集群生态生产率、多样性和稳定性的提升。产业集群可以从改善人力资本、缓解融资约束和促进科技成果转化三个方面促进企业创新。

首先是人力资本方面。基地通过建立集群网络树立品牌效应，建立起人才关系网络，拓宽人才招聘渠道，能够有助于人才队伍的壮大和人才结构的改善。除此以外，集群规模的扩大还能够促进设备和信息共享，加强技术前沿的交流，为优秀人才和复合型人才进行知识共享和互相学习探讨提供良好的平台和机遇，有助于人才的成长和培育。

其次是融资约束方面。一则，政府通过项目基金、财政补贴等多种方式为在孵企业直接提供资金支持；二则，产业集群的一个最大好处是能够联结在孵企业和商业银行、风险投资等金融机构，从而有效促进各企业与金融机构之间的资金往来。而且，集群网络还可以为网络中的企业提供融资渠道咨询指导服务，提高融资成功率。另外，众多优秀的企业集合到一起，有助于企业之间相互学习，提高资金的配置效率，有效降低资金浪费率和投资失败率。

最后是科技成果转化。集群网络通过与网络媒体接触，可以及时、准确地了解市场需求动态。这些信息既是创新产品的风向标，又是科学决策的指示牌，从而不仅有助于快速处理创新成果与现实需求之间的匹配问题，而且还能挖掘出潜在需求。同时，政府背书和人才背书的创新基地还有助于树立企业形象，有效推动创新产品进入市场。

（四）作用效果

王康等基于中关村海淀科技园区企业数据，发现企业所有制性质、行业特征和企业创新能力都会影响孵化基地对企业创新的作用效果[1]。具体地，他们发现，孵化基地促进国有企业创新的作用效果优于民营企业和外商企业，对服务业企业的影响弱于对工业企业的影响，但对服务业中生产性服务业和科技服务业的孵化效果又异常显著。此外，创新能力较强和较

---

[1] 王康, 李逸飞, 李静, 等. 孵化器何以促进企业创新？——来自中关村海淀科技园的微观证据[J]. 管理世界, 2019, 35 (11): 102-118.

弱的企业孵化效果都相对较差。不过，钟卫东等基于孵化器在孵企业的实证研究并没有发现政府支持和其他环境支持对初创企业绩效有直接影响，但却发现外部的环境支持主要是通过作用于创业者的创业自我效能感间接发挥影响的[1]。毕竟孵化器只是一种辅助创业组织机构，企业本身及创业者才是成功与否的关键，要根据专业知识的储备量因地制宜，发挥出孵化器的最大价值[2]。可见，外部环境支持只有和企业内部因素结合才能对企业绩效产生积极影响。

另外，选择效应也存在于孵化器制度中，即由孵化器所形成的产业集群会加剧企业间的竞争而促进优胜劣汰。这意味着，虽然在集群初期，规模效应和集群网络带来的优势有助于多数企业的生存和发展，但是，随着企业数量增多，产品同质化，市场竞争加剧，只有具有差异化产品等独特竞争力的企业才能最终从产业集群的孵化器中生存下来并获得可观的成果。

最后，值得重视的是，有研究发现，集聚效应持续期非常短，在开发区成立三年后就基本消失，而由制度和政策优惠所形成的选择效应才是开发区长期生产率优势的主要源泉[3]。

三、科技金融服务体系

（一）概述

科技金融是为了促进研发创新发展的一系列金融工具、金融制度、金

---

[1] 钟卫东，孙大海，施立华. 创业自我效能感、外部环境支持与初创科技企业绩效的关系：基于孵化器在孵企业的实证研究 [J]. 南开管理评论，2007 (5)：68-74，88.
[2] 张力. 孵化互动、专用性人力资本和在孵企业成功毕业 [J]. 南开管理评论，2012，15 (1)：93-101，141.
[3] 王永进，张国峰. 开发区生产率优势的来源：集聚效应还是选择效应？[J]. 经济研究，2016，51 (7)：58-71.

融政策与金融服务的系统性、创新性安排。在该体系中，政府、企业、市场、社会中介机构等各种主体相互作用，均是金融资源的可能来源[①]。《国家"十二五"科学和技术发展规划》指出科技金融的主要功能在于创新财政科技投入方式，引导和促进银行业、证券业、保险业金融机构及创业投资等各类资本创新金融产品、改进服务模式、搭建服务平台，实现科技创新链条与金融资本链条的有机结合。

风险投资基金、银行贷款融资和资本市场是科技金融服务的主要方式，也是政府完善科技金融服务体系的主要着力点。推动政府股权基金投向初期的科技企业是国务院会议提出的又一融资渠道。随着互联网金融的兴起，在原有渠道基础上，科技金融出现了新的融资渠道——众筹。不同于风险投资部分参股形式的高风险性，股权众筹是创业者借助互联网平台的公开展示功能吸引公众投资者投资，并以出让一定比例股权的方式回馈投资者的融资模式。股权众筹具有受众广、风险分散以及低门槛的特征，非常适合为科技型企业融资。例如，北大创业众筹是我国第一家科技成果转化类众筹平台，引入了科技成果科学化评价体系，为科技金融的科学化发展提供了多样化的选择。

正如第一家孵化器诞生于武汉，首个科技金融改革创新试验区也落户武汉。2015年7月，《武汉城市圈科技金融改革创新专项方案》的发布宣告了武汉城市圈成为首个科技金融改革创新试验区。按照规划，到2020年，东湖国家自主创新示范区初步建成实验股权资本化、智力资本化的资本聚集区，武汉成为全国重要的金融机构高端后援服务基地，武汉城市圈

---

① 赵昌文，陈春发，唐英凯. 科技金融［M］. 北京：科学出版社，2009.

科技金融服务体系基本形成。

(二) 案例分析

1. 上海科技金融"4+1+1"服务体系

2015年以后,习近平总书记要求把上海建设成为具有全球影响力的科创中心,因此,上海对科技金融的发展十分重视。目前上海的科技金融服务体系可以总结为"4+1+1"模式,其中"4"代表科技信贷、股权投资、资本市场和科技保险四大功能板块,两个"1"分别代表科技金融保障机制和科技金融信息平台[①]。其具体结构如图4-11所示。

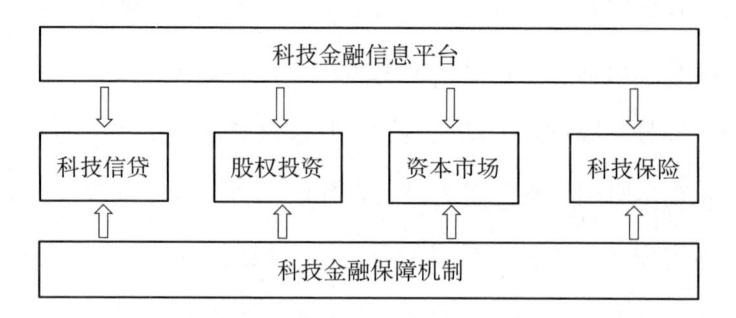

图4-11 上海科技金融"4+1+1"服务体系

第一是科技信贷功能。"3+X"形式是上海科技信贷的特色产品,其中"3"指的是科技履约贷、小巨人信用贷和科技微粒贷,"X"指的是其他。截至2018年底,上海"3+X"科技贷款总额突破了50亿元,同比增长35.4%,贷款笔数734笔,同比增长16.7%,各产品贷款金额和贷款笔数见表4-11。可以发现,不管是金额还是笔数,科技履约贷均占了一半以上,也就是说科技履约贷是上海科技信贷的主要形式。

---

① 吴妍妍. 科技金融服务体系构建与效率评价 [J]. 宏观经济研究, 2019 (4): 162-170.

表 4-11 上海市科技信贷基本情况表

项目	2018年累计 信贷额（万元）	2018年累计 贷款笔数（笔）	2017年累计 信贷额（万元）	2017年累计 贷款笔数（笔）	历年累计 信贷额（万元）	历年累计 贷款笔数（笔）
科技履约贷	263 677	617	224 140	526	1 053 563	2 826
小巨人信用贷	236 037	88	143 217	69	748 853	632
科技微粒贷	4 245	29	4 800	34	22 360	163
合计（含其他）	503 959	734	372 157	629	1 914 166	3 703

资料来源：上海市科技金融信息服务平台。

第二是股权投资功能。上海市不仅成立了科创中心股权基金，而且还开展了外商股权投资试点和合格境内股权合伙人试点。上海市国际股权投资基金协会联席理事长卓福民表示，截至2019年10月，上海的股权基金、创业投资基金管理人为4 720家，占全国的19.36%，私募股权创投类基金规模为2.93万亿元，占全国的21.45%[①]。

第三是资本市场功能。上海历来是证券行业机构最为集聚的城市。随着金融科技创新监管试点正式启动，监管部门服务不断优化，加强了对证券公司业务的监管指导，而且即便在新冠疫情期间也能够及时调整工作安排，保障科创板申报进度。截至2020年底，36家上海科创板上市公司市值总和为8 981亿元，占比27%，募集资金总额1 078亿元，占比36%，市值总和与募集资金总额均列全国第一[②]。

第四是科技保险功能。上海市成立了融资担保基金，主要面向中小微科技型企业，既解决了商业银行的后顾之忧，也方便了企业贷款。首期规

---

① 中国私募创投类基金规模近14万亿[EB/OL]. (2019-11-29)[2021-05-07]. https://baijiahao.baidu.com/s?id=1651531832774007151&wfr=spider&for=pc.
② 这么多全国第一，2020上海资本市场太牛了[EB/OL]. (2020-12-31)[2021-05-07]. https://baijiahao.baidu.com/s?id=1687581708933204387&wfr=spider&for=pc.

模是 50 亿元，现有规模接近 100 亿元，主要的投资者是政府和大型银行。2020 年，上海市融资担保中心共承做担保项目 1.13 万笔，担保贷款 333.7 亿元，增长 52%[①]。

第五是科技金融保障机制和科技金融信息平台。上述四大板块的顺利实施，少不了整体环境机制的积极配合，上海科技金融信息服务平台作为聚集了银行、保险公司、创投机构等各类金融服务机构资源和各级政府政策资源的中间平台，既方便了企业及时了解政策动向和基金申请等动态，又建立了金融机构之间的利益链，有助于促进多方合作。

2. 中关村多层次科技金融服务体系

立足于中关村国家自主创新示范区，中关村科技金融服务体系不仅要服务好中小微企业和科技创新，解决信息不对称和规模经济效益不够造成的融资约束问题，还要不断完善自身监管理念，汇聚多方资源，联动和辐射周边地区，形成区域效应，起到示范和引领作用。

中关村科技金融形成了"一个基础，十条通道"的服务体系。一个基础指的是信用基础。"以信用促融资，以融资促发展"是中关村科技金融的工作思路。由于成绩卓著，中关村已被国家发展改革委誉为全国中小企业信用服务体系建设示范"标间"。十条通道分别是创业投资、天使投资、境内外上市、代办股份转让、并购重组、企业债券和信托计划、担保融资、信用贷款、信用保险和贸易融资、小额贷款这十种资金筹措方式。

---

① 上海市财政局. 2021 年预算报告解读（二）：关于中小微企业政策性融资担保工作的有关情况[EB/OL]. (2021-05-07)[2021-05-07]. http：//czj. sh. gov. cn/zys_8908/zcjd_8969/ysbgjd_8976/2021nysbgjd/20210507/9d16e81cc7bb41cd8eb7fb531e0e379b. html.

截至 2019 年底，中关村上市公司数量达到 362 家。科创板推出后，先后有 11 家企业登陆，千亿元市值的企业达到 13 家[①]。当然，在中关村国家自主创新示范区中，更多的是并没有上市的公司，而且不同公司发展情况各不相同，对融资的需求也不尽相同。表 4-12 从资金需求、风险特征和财务特征三个方面对初创期、成长期和成熟期的企业进行了比较。可以发现，在企业初创期，一切都是未知数，风险最大，但资金需求也相对较小。企业成立进入成长期后，虽然风险不是最大，但资金需求开始增长。到了成熟期，有了一些业绩，风险最小，却需要投入大量的资金让企业继续运转[②]。

表 4-12 企业成长各阶段特征

项目	初创期	成长期	成熟期
资金需求	启动资金规模较小	资金需求增长快	资金需求规模大
风险特征	风险最大	风险较大	风险较小
财务特征	业绩有限	有一定业绩	业绩显著

针对处于不同发展阶段企业的资金需求和财务特征，中关村科技金融采取了多层次的服务体系来促进高新技术企业的发展和壮大。具体而言，对于初创期企业来说，企业的大部分资金和人力资源都用于研发探索，经营上很难盈利，甚至很难有实质性的稳定现金流。中关村不仅在全国率先设立创业投资引导资金，实施创业投资企业风险补贴政策，而且促进天使投资发展，让业绩有限的初创期企业不需要抵押物就能够实现贷款。对于成长期企业，其对流动资金的需求迅猛增加，中关村搭建了贷款担保平

[①] 中关村上市公司协会. 中关村上市公司竞争力报告（2020）[M]. 北京：社会科学文献出版社，2020.

[②] 吴翌琳，谷彬. 科技金融服务体系的协同发展模式研究：中关村科技金融改革发展的经验与启示 [J]. 中国科技论坛，2013 (8)：134-141.

台，设立了针对重点企业的担保贷款绿色通道，积极开展信用贷款、信托计划和贸易融资。对于稳定发展的成熟期企业，其虽然资金需求量大，但同时企业本身已经实现一定业绩，可抵押资产和信用积累均初具规模，可选择的融资方式也趋于多元化。中关村实施了改制上市资助政策，使企业能借助资本市场进一步扩大规模，最终实现自给自足。

第三节

创新人才体系

一、创新人才体系现状

党的二十大报告指出，深入实施人才强国战略，坚持尊重劳动、尊重知识、尊重人才、尊重创造，完善人才战略布局，加快建设世界重要人才中心和创新高地，着力形成人才国际竞争的比较优势，把各方面优秀人才集聚到党和人民事业中来。显然，加强创新型人才培养，加快创新型人才建设对我国贯彻实施创新型国家战略具有重要意义。王剑峤认为企业创新人才不仅要能够将创新成果转化为产品，更要能给企业带来经济效益和社会效益[①]。因此，创新人才不仅包括技术型人才和技能型人才，而且包括

---

① 王剑峤. 企业技术创新人才培养体系研究 [D]. 哈尔滨：哈尔滨理工大学，2013.

管理型人才。安菁也从狭义和广义角度区分产业创新人才，认为广义的产业创新人才不仅包括狭义的从事研发创新活动和生产实践活动的专业技术人才和高技能人才，还包括从事经营管理活动的企业家等复合型专业技术人才[①]。因此，本书也认为，创新人才不仅仅是从事研发创新活动的研究人员，还包括那些具有创新改革意识、勇于开创先例的企业管理者和领导者。

根据重要历史事件，我国科技人才相关政策可以分为四个阶段。第一阶段为恢复期。该时期为1978—1984年，主要是恢复高考制度和学位制度，重新确立科技人员的工人阶级地位。第二阶段为1985—1991年的计划经济下的改革。该阶段我国尚处于计划商品经济时期，人才政策主要是为了调动科技人员积极性，博士后制度开始试运行。第三阶段是1992—1998年的市场经济下的改革。该阶段我国已确定市场经济的主体地位。为了实现科技人才的顺利培养，我国不仅建立了以市场调节为基础的人才资源开发制度，而且加大人才引进战略实施力度，用优厚的科研资金招募人才。第四阶段是自1999年以来的人才蓬勃发展阶段。在提出建设创新型国家战略之后，我国的创新人才体系不断得到完善，出台了大量人才相关政策。

图4-12展示了1992年以来全国研发人员的增长情况。可以发现，2004—2013年是我国研发人员数量增长最快的阶段。这要得益于国家对创新战略的重视以及对科研人才政策的多方面倾斜。但是细看研发人员的分布，会发现我国的研发人员绝大部分集中在试验发展部分，对基础研究和应用研究不够重视。虽然试验发展与生产力直接关联，但基础研究和应用研究作为前提值得关注。"十四五"规划也指出，要支持基础技术的研发。

---

① 安菁. 产业创新人才成长的影响因素与评价体系研究[D]. 北京：北京理工大学，2015.

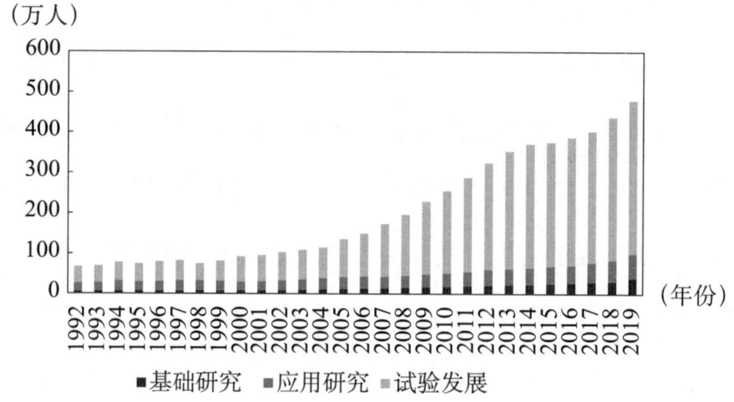

■ 基础研究　■ 应用研究　■ 试验发展

图 4-12　全国研发人员总量

资料来源：国家统计局社会科技和文化产业统计司，科学技术部战略规划司. 中国科技统计年鉴2020 [M]. 北京：中国统计出版社，2020.

表 4-13 是对各地区研发人员的具体分类。和前文结论类似，地区之间差异较大。表 4-14 列举了四份与创新人才相关的政策，从中可以发现，国家不仅在创新人才培养和激励方面进行了强有力的政策支持和资金支持，而且从基础教育出发，加强新科技知识和技能培训，培育创新后备人才。同时，还注重坚持性别平等和机会平等原则，切实解决女性科技人才的后顾之忧，加大对女性科技人才的支持力度，建立有利于女性科技人才发展的评价机制。

表 4-13　各地区 2019 年研发人员全时当量表　　　　单位：人年

地区	R&D 人员全时当量	基础研究	应用研究	试验发展
全国	4 800 768	391 972	615 395	3 793 700
东部地区	3 149 285	208 357	345 910	2 595 202
中部地区	854 941	61 537	106 038	687 423
西部地区	609 946	79 213	120 108	410 680
东北地区	186 597	42 865	43 339	100 395

资料来源：国家统计局社会科技和文化产业统计司，科学技术部战略规划司. 中国科技统计年鉴2020 [M]. 北京：中国统计出版社，2020.

表 4-14 创新人才相关政策示例

年份	政策	具体内容
2021	《支持女性科技人才在科技创新中发挥更大作用的若干措施》	培养造就高层次女性科技人才、大力支持女性科技人才创新创业、完善女性科技人才评价激励机制、支持孕哺期女性科技人才科研工作、加强女性后备科技人才培养、加强女性科技人才基础工作
2021	《全民科学素质行动规划纲要（2021—2035年）》	引导变革教学方式，倡导启发式、探究式、开放式教学，保护学生好奇心，激发求知欲和想象力。完善综合素质评价制度，引导有创新潜质的学生个性化发展
2020	《国家科学技术奖励条例》第三次修订	奖励在科学技术进步活动中做出突出贡献的个人、组织，调动科学技术工作者的积极性和创造性，建设创新型国家和世界科技强国
2010	《创新人才推进计划实施方案》	设立科学家工作室，造就中青年科技创新领军人才，扶持科技创新创业人才，建设重点领域创新团队，建设创新人才培养示范基地

二、创新人才培养体系

（一）大学和科研院所人才培养

为什么我国的学校难以培养出杰出人才？钱学森先生曾意味深长地说："今天，党和国家都很重视科技创新问题，投了不少钱搞什么'创新工程'、'创新计划'等等，这是必要的。但我觉得更重要的是要具有创新思想的人才。问题在于，中国还没有一所大学能够按照培养科学技术发明创造人才的模式去办学，都是些人云亦云、一般化的，没有自己独特的创新东西，受封建思想的影响，一直是这个样子。我看，这是中国当前的一个很大问题。"① 这是对我国高校人才培养模式的尖锐批判，同时也是一种

---

① 涂元季，顾吉环，李明. 钱学森最后一次系统谈话：谈科技创新人才的培养 [J]. 前沿科学（季刊），2009，3（4）：4-6.

殷切期盼。2010 年国务院颁布《国家中长期教育改革和发展规划纲要（2010—2020 年）》，教育部发布《关于大力推进高等学校创新创业教育和大学生自主创业工作的意见》，均对大学教育改革和创新人才培养提出了新要求。

目前，大学创新人才的培养依然存在诸多障碍，尤其是观念和资源方面。一方面，社会普遍存在功利性理念，即对创新创业教育的成果评定限制了许多大学生的视野，导致他们误以为创新创业教育就是那些能立即带来经济效益的商业活动，而忽略了创新创业教育对人的综合素质和能力的提升以及职业品格塑造的本质作用。结果，不少接受了创新创业教育的大学生根本没有认真学习和思考，而是急功近利、盲目跟风，认识水平停留在一般商业活动层面，觉得只要参加了一些创业比赛拿到名次就提高了自己的创新水平，不能根据自身的特点进行综合素质的训练和提升。另一方面，创新创业教育需要大量人力资源和物质支持，不仅需要通过重大创新基地和重大科技任务来发现人才，而且需要具有创新意识和创业经验的师资负责讲解培养，但是这些条件大部分大学和科研院所都很难达到。

关于大学人才培养方式，有学者提出，应该根据人才培养模式的八大要素进行全面的创新人才培养[①]。其中，首要的就是改变人才培养理念。观念的改变是改革的前提，只有大学和教师层面都认识到创新人才培养的重要性并将其传达给学生，全校形成高质量的师生观、教学观、科研观等，才能真正将创新教育落实到实处。其次，专业设置模式、课程设置方式、教学制度体系、教学组织形式、教学管理模式、隐性课程形式和教学

---

① 董泽芳. 高校人才培养模式的概念界定与要素解析 [J]. 大学教育科学，2012 (3)：30-36.

评价方式都是具体的实施措施，要求大学从这些方面进行相应的变革。谷媛媛从管理经济学视角深入研究了大学培养创新人才的问题，发现大学培养人才所需投资的递减性以及合作培养创新人才的资源共享益处，并且根据创新扩散理论及学习曲线预测了创新人才培养过程中应注意的问题，指出要遵循人才成长规律和科研活动规律，认为通过将信息技术和人际传播结合起来可以提高创新人才的使用率[①]。

另外，开展科研院所国际协同创新体系建设、统筹规划建立海外联合技术中心的探索和实践对于国际化人才队伍的建设和具有国际竞争力的青年科技人才后备军的培养具有重要意义。

（二）企业创新人才培养

企业在技术创新活动中往往需要多种创新人才。一是企业家，即企业技术创新的决策者和组织者。二是市场人才，主要承担信息收集和加工，企业发展规划，产品、技术开发与上市策略研究等，是创新决策的参谋。三是研究与开发人才，主要任务是根据创新决策的要求，具体落实产品与技术的开发。四是营销人才，主要任务是开拓市场、引导消费。

值得注意的是，企业的研发活动和组织学习本身就是企业创新人才培养的重要渠道[②]。一则，研发活动不仅可以同时从宏观和微观角度激活和优化人才的网状知识结构，而且更有助于通过链接所有人的网状知识结构促进创新成果的产出。二则，组织学习也是组织创新与塑造核心竞争力的重要手段，使个体学习所获得的知识转换成组织资本，从而为团队和组织

---

① 谷媛媛. 管理经济学视角下创新人才培养问题 [J]. 煤炭高等教育，2010，28（2）：64-66.
② 韩联郡，李侠. 研发活动、组织学习与企业创新人才培养 [J]. 科学与管理，2018，38（2）：15-20.

所拥有，使组织在个人、团队和组织三个不同层面上的互动学习中不断增加知识和技能的库存。此外，研发活动和组织学习一体化更有助于通过知识共享信息平台提高员工的专业素质和创新能力。

目前，校企合作、产教结合模式是企业培养技术创新人才的主要模式。该模式不仅可以让人才在学校打好思想品德、数理外语等文化知识基础，提高学习能力和掌握专业知识，而且还可以让人才通过企业实践丰富并巩固专业知识，提高专业技能和解决问题的能力，成为具有复合型技能的创新人才。同时，企业也能够因为新鲜血液的输入焕发出不一样的生机和活力。随着数字经济的发展，目前知识的更新速度越来越快，信息对于企业的生存与发展越来越重要，计算机网络的应用是适应目前信息化时代的最有效途径。因此，借助网络进行培养可以使潜在技术创新人才接触到最新的管理知识与技术信息，尤其对于高科技行业更是如此。

不过，企业在进行人才培养时要特别注意以下几个方面。一是环境，包括企业所在行业的发展前景和企业的发展战略。对于夕阳产业来说，人才是很难留住的，更不要说培养了。因此，行业和战略大方向决定了一个企业适不适合进行创新人才培养。二是条件，包括层级关系、文化氛围和企业所有者。层级关系关乎话语权，文化氛围和企业所有者关乎价值认同，这些企业本身的条件均会影响到人才培养的效率。三是制度，包括培训方案、考核机制、激励和奖励机制、培训方式、培训频率、培训内容等，跟创新人才的成长速度直接挂钩，而考核、激励和奖励机制又在很大程度上关乎人才是否有动力继续在企业进行研发创新活动并进行技术成果的转化。四是个人培养计划。在培养潜在技术创新人才时，不能只考虑企业自身的发展，还应该同时考虑到企业技术创新人才个人的职业发展，帮助技术创新人才进行个人职业生涯分析、规划，谋求双赢的格局。

（三）创新人才引进

创新人才是否愿意去往一个地方工作，少不了政府、市场和企业三方的共同作用。政府作为重要的领导者，在规划指导和政策导向上发挥着重要作用，只有地方政府发出了人才引进战略信号，才有可能将创新人才招入麾下。如今各大城市都争相用落户、住房、税收、配偶工作、子女入学等重要问题上的优惠政策吸引高学历高素质人才就业，为的就是尽一切可能引入创新人才，提高创新成果产出。在高层次人才方面，国家甚至制定实施了高层次人才特殊支持计划。各地方政府也要以创新成果转化为导向，探索创新创业人才政策，实行更加开放的人才政策，构筑集聚国内外优秀人才的科研创新高地。要完善外籍高端人才和专业人才来华工作、科研、交流的停居留政策，完善外国人在华永久居留制度，探索建立技术移民制度。

一个健康有序的市场是提供配套服务、有效配置人力资本要素的保障。在政府监管的前提下，市场一端连接着政府，一端连接着企业，其专业化、信息化和国际化有助于吸引创新人才在合适的位置实现自身价值，助力企业生产效率的提升。因此，人才市场需要有专门负责企业高层次人才引进的服务机构，这样才可以有效建立全球高端人才信息库，以企业要求为根本，针对企业需求为其提供高端人才选项，实现资源有效配置。

最后是企业，最终的落脚点也是企业。企业才是创新人才会一直生活工作的地方。因此，企业的一切都会关系到人才的选择。企业的竞争最终是人才制度的竞争。要引进外地创新人才并让他们愿意持久地为企业做贡献，企业需要建立激发人才创新活力的考评和激励制度，建立现代企业制度，根据企业特点和岗位需求实行人才分类管理，根据考评结果和综合考虑给予适当的待遇补贴，提高薪酬的市场竞争力，重点表彰为企业改革创新做出巨大贡献的团体和个人。健全薪酬福利、子女教育、社会保障、税收优惠等制度，为海外科学家工作提供具有国际竞争力和吸引力的环境。

三、创新人才激励机制

（一）创新人才需求分析

激励由激励主体、激励客体、激励目标、激励手段以及激励环境构成。激励主体，指施加激励的组织或个人。激励客体，指激励的对象。激励目标，指激励主体期望激励客体的行为所实现的成果。激励手段，指那些能导致激励客体去努力工作的措施。激励环境，指激励过程所处的环境因素，它会影响激励的效果。在本节，我们将讨论政府和企业如何采用激励的办法鼓励人才从事创新活动。

实施正确激励的前提是充分了解创新人才的需求。组织中的创新人才绝大多数是知识型员工。相对于普通员工而言，创新人才既有受人尊重和自我实现的心理需要，又有得到合理报酬的物质需要；既有外在的报酬需要，又有内在的心理需求。创新人才所追求的不仅是物质待遇，还包括社会声望、自我价值、发展机会等。这就需要营造宽松和谐的人际关系和工作环境，给人才施展抱负的空间。杜纲等针对沈阳市国有企业技术与管理人才展开调查后发现，工作条件（专业对口程度、研究经费与设备、研究成果发表转化难度、钻研业务的氛围）、人际关系（同事间感情、合作关系、领导办事公正性）、领导认可（工作自主权、领导信任、认可、重用）、人才奖励（人才奖励办法的合理性）、职称评定（政策的公平、完善性）是前 5 项最重要的影响因素[①]。卓玲和陈晶瑛根据马斯洛需求层次理论，将创新人才的需求维度区分为物质、个人成长、尊重与参与以及成就四个方面（见表 4 - 15）[②]。

表 4 - 15　创新人才需求分析

维度	内容
物质需求	物质需求是创新人才较低层次的需要，满足其基本生存需求，同时也象征着员工在组织中的地位、身份、权力，体现自我价值的实现
个人成长需求	创新人才有不断学习知识、提高自身能力水平的需要，需要平台提供成长和进步空间
尊重与参与需求	创新人才在追求自我实现的过程中，也希望与组织相融合，希望得到他人的赏识、注意或欣赏，希望得到他人的尊重和信任。他们追求比较宽松、自由的工作环境，强调工作中的自我引导和自我管理。在制定各项规章制度和政策的过程中，创新人才希望能够参与其中，而不是被动地接受管理
成就需求	献身于事业是追求卓越、实现目标和争取成功的个人内在成就需要。创新人才拥有知识资本，往往把个人的成就看得比物质更重要。他们把在工作上得到肯定、进步和成就得到承认看作最好的奖酬，由此而得到的满足和激奋会大大超过物质的激励，而创新成果是对他们创新能力最好的证明

（二）创新人才激励措施

合理的激励应该是多种方式有机结合，相辅相成、相互促进，这样才能提高创新人才的工作热情，充分发挥知识型人才的创造力和潜力。这些激励措施主要包括以下 6 类[③]：

一是尊重信任激励。高度尊重与信任人才是基本原则。管理者在满足

---

① 杜纲，郭均鹏，傅永红，等. 企业人才激励影响因素及其强度分析 [J]. 管理工程学报，1998，12（4）：61 - 64.
② 卓玲，陈晶瑛. 创新型人才激励机制研究 [J]. 中国人力资源开发，2011（5）：99 - 102.
③ 张向前. 知识型人才及其激励研究 [J]. 预测，2005（6）：9 - 13.

创新人才生存需求和物质利益的基础上，要注重对创新人才的尊重，增强其责任感和使命感。

二是薪酬奖励激励。薪酬体现了人才对企业和社会的贡献大小，一份体现人才价值的公平合理的报酬是吸引和留住人才的重要前提。

三是能力成长激励。培训与教育是使员工不断成长的动力与源泉。培训与教育已经成为组织吸引创新人才、留住人才的重要条件。组织为创新人才提供更多的学习培养机会，使人才保持终身学习、终身就业的能力，成为激励知识创新人才的重要途径。

四是职业发展激励。知识型人才具有强烈的成就欲望和成长需要，组织要为创新人才提供共同愿景，让员工获得公平的职位升迁机会，从而发挥更大潜能。

五是授权管理激励。创新人才素质较高，有能力自主做出正确的决策，在监督严管下，反而可能丧失激情和创造力。可以扩大创新人才的自主决策权力，支持其组建自我管理式团队，使创新人才的个性和创造性得到最大限度的发挥。

六是组织文化激励。为创新人才提供一个健康和谐的工作环境和自主创新的企业文化氛围，以有利于其积极成长、自主发展，从而最大限度地挖掘创新人才的聪明才智和内在潜力，促进企业创新。

与此同时，如何吸引和激励高层次科技人才也是一个重要问题。高层次科技人才是创新人才中的核心力量，主要是指院士、科学家和工程师、获得硕士及以上文凭的科技人才，以及在科技领域做出突出成绩的优秀科技人才。高层次科技人才激励是为满足高层次科技人才在物质、精神、发展等方面的需要实施的相应激励措施，主要包括物质激励（如国家最高科学技术奖、政府特殊津贴、股权激励等)、精神激励(如评选院士、全国杰出专业技术人才等)、发展激励(如知识产权保护、鼓励科技创新、为人才家属就业孩子上学提供便利)等①。

(三)激励创新人才的若干建议

在微观层面,企业应当进一步提高人才收入水平,加强文化、精神激励,营造自由创新的氛围。

一是提高创新人才收入水平和福利待遇。目前,收入水平和福利待遇的提高依然是创新人才的刚性需求。应当建立技术参与企业收入分配的机制,实施职位专利分成的机制,设立技术创新激励基金,定期重奖有突出贡献的创新人才,积极深化人事分配制度改革。

二是加大文化、精神激励的力度。精神激励在一定程度上比物质激励更能满足创新人才的心理需要。组织可通过情感奖励形成良好的人际关系,为创新人才发挥才智营造相互信任、相互支持、团结融洽的氛围;通过荣誉奖励调动和提高创新人才做实事、敢创新的积极性。

三是营造自由创新的氛围。创造一个良好、宽松、和谐的工作环境,可以让创新人才感受到社会对知识的重视与对人才的尊重、理解和关心。这样他们就会在潜移默化中充分发挥其工作积极性,发掘出自己的内在潜力。

在宏观层面,政府应当进一步完善创新成果分配制度、知识产权保护制度和创新人才流动制度。

一是要打破平均分配主义,提升创新人才待遇。要重构利益分配制

---

① 娄伟. 我国高层次科技人才激励政策分析 [J]. 中国科技论坛, 2004 (6): 139-143.

度，打造智力劳动与经济收入相互匹配的利益分配模式。要遵循谁创新谁获利以及投入多少获利多少的基本原则，进一步完善创新人才绩效评价方式，并按照评价结果给予对等的经济收入。还要为创新人才提供丰厚的基础性物质保障，应根据地区经济发展水平逐步提高基本待遇和生活保障，让创新人才能够安下心来搞创新。

二是要强化法律手段应用，保障创新人才知识产权，维护其合法权益。知识产权是创新人才付出了大量智力劳动所获得的成果，是创新型经济发展的重要生产要素，理应受到保护。要完善知识产权保护相关规章制度，确保创新人才合法利益不受侵犯。

三是完善创新人才流动机制，破除创新人才发展障碍。创新人才流动壁垒过高会对人才培养与产业结构升级产生严重的负面影响，推动创新人才的可持续性流动不仅是满足人才发展需求的基本要求，而且是实现产业结构升级的必要条件[1]。应当把握产业结构升级需求，引导创新人才的流动方向，形成产业结构转型与人才培养的良性循环。

---

[1] 王文成. 创新型人才不足的应对思路 [J]. 人民论坛，2019 (20)：72-73.

第五章
以制度建设完善创新环境

第一节 营商环境与创新和产业升级

中国特色社会主义进入新时代，我国经济发展进入新阶段，已由高速增长阶段转向高质量发展阶段，经济增长方式已由依靠增加生产要素投入的粗放式经济增长模式转变为依靠提高物质要素使用效率的集约式经济增长模式。为实现创新驱动发展、发挥市场在资源配置中的决定性作用、促进产业结构升级等，优化营商环境已然成为中国特色社会主义新时代经济改革工作的重中之重。

2013年11月党的十八届三中全会通过《中共中央关于全面深化改革若干重大问题的决定》，首次提出："建立公平开放透明的市场规则……建设法治化营商环境"。2015年7月17日，习近平总书记在吉林省调研东北地区等老工业基地振兴时强调："坚决破除体制机制障碍，形成一个同市场完全对接、充满内在活力的体制机制，是推动东北老工业基地振兴的治本之策。要坚持社会主义市场经济改革方向，积极发现和培育市场，进一步简政放权，优化营商环境，从放活市场中找办法、找台阶、找出路。"[1]

---

[1] 习近平. 加大支持力度增强内生动力 加快东北老工业基地振兴发展 [EB/OL]. (2015-07-19) [2021-11-29]. http://jhsjk.people.cn/article/27327821.

2015年10月党的十八届五中全会通过《中共中央关于制定国民经济和社会发展第十三个五年规划的建议》,进一步丰富了营商环境的内涵,指出:"形成对外开放新体制。完善法治化、国际化、便利化的营商环境。"2016年10月18日,李克强在国务院振兴东北地区等老工业基地推进会议上指出:"东北的振兴还是要靠体制机制上解决问题,要靠改革开放,尤其是要优化营商环境。东北还是要从自身改革做起,要抓政府职能转变,推进简政放权、放管结合、优化服务。怎么推进负面清单,怎么放宽市场准入?要下决心做。当然,同时创造一个公平竞争的平台,必须是诚信经济、法治经济、道德经济,我们还要有一个监管完善的平台,这是随着市场的发展逐步完善的。"①2017年6月13日,李克强在全国深化"放管服"改革电视电话会议上强调"营商环境就是生产力",他指出:"各地既要积极抓项目建设,更要着力抓环境建设,由过去追求优惠政策'洼地',转为打造公平营商环境的'高地',真正做到审批更简、监管更强、服务更优。"②2017年7月17日,习近平总书记在中央财经领导小组第十六次会议上进一步强调:"要改善投资和市场环境,加快对外开放步伐,降低市场运行成本,营造稳定公平透明、可预期的营商环境"。这次会议还要求北京、上海、广州、深圳等特大城市率先加大营商环境改革力度③。2018年11月1日,习近平总书记在民营企业座谈会上强调,要为民营企业发展"营造公平竞争环境"④。2019年10月

---

① 李克强主持召开国务院振兴东北地区等老工业基地推进会议[EB/OL]. (2016-10-19)[2021-08-07]. http://www.gov.cn/premier/2016-10/19/content_5121249.htm.
② 李克强. 营商环境就是生产力![EB/OL]. (2017-06-13)[2021-08-07]. http://www.gov.cn/premier/2017-06/13/content_5202207.htm.
③ 营造稳定公平透明的营商环境 加快建设开放型经济新体制[EB/OL]. (2017-07-17)[2021-11-29]. http://jhsjk.people.cn/article/29410601.
④ 习近平. 在民营企业座谈会上的讲话[EB/OL]. (2018-11-01)[2021-08-07]. http://www.gov.cn/xinwen/2018-11/01/content_5336616.htm.

23日，国务院出台《优化营商环境条例》，此条例自2020年1月1日起实施。2019年11月5日，习近平总书记在第二届中国国际进口博览会开幕式主旨演讲中再次强调，"中国将不断完善市场化、法治化、国际化的营商环境"。2020年7月21日，国务院办公厅出台《国务院办公厅关于进一步优化营商环境 更好服务市场主体的实施意见》，指出"我国营商环境明显改善，但仍存在一些短板和薄弱环节"[①]。2020年9月11日，李克强在全国深化"放管服"改革优化营商环境电视电话会议上指出："营商环境竞争力就是国际竞争力"[②]。正因为此，党的二十大报告再次强调"完善产权保护、市场准入、公平竞争、社会信用等市场经济基础制度，优化营商环境"，"营造市场化、法治化、国际化一流营商环境"。

一、优化营商环境对创新和产业升级的意义

营商环境的具体内涵是指企业等市场主体在市场经济活动中所涉及的体制机制性因素和条件，是一个国家或地区经济软实力的重要体现[③]。优化营商环境即依法保护市场主体，最大限度减少政府对市场资源的直接配置，最大限度减少政府对市场活动的直接干预，营造公平竞争的市场环境，加强和规范事中事后监管，着力提升政务服务能力和水平，切实降低

[①] 国务院办公厅.国务院办公厅关于进一步优化营商环境 更好服务市场主体的实施意见：国办发〔2020〕24号〔A/OL〕.（2020-07-21）〔2021-08-07〕.http://www.gov.cn/zhengce/content/2020-07/21/content_5528615.htm.

[②] 李克强.在全国深化"放管服"改革优化营商环境电视电话会议上的讲话〔EB/OL〕.（2020-09-11）〔2021-08-07〕.http://www.gov.cn/premier/2020-09/29/content_5548388.htm.

[③] 何凌云，陶东杰.营商环境会影响企业研发投入吗？：基于世界银行调查数据的实证分析〔J〕.江西财经大学学报，2018（3）：50-57.

制度性交易成本,更大激发市场活力和社会创造力,增强发展动力。党和国家高度重视深化"放管服"改革。优化营商环境工作,是促进企业创新、激励专用性投资、推动产业升级的关键举措。

(一) 良好的营商环境是促进企业创新的重要因素

第一,优化营商环境,有利于降低企业制度性交易成本,减少非生产性支出[1],从而增加创新研发投入。一则,以简化审批流程、优化审批服务、提高行政效率、取消前置证明、减税降费以及强化监督检查等为特征的营商环境优化,可为企业节省大量的制度性交易成本[2]。二则,由于企业创新和寻求政治关联之间具有一定替代性[3],因此通过以营造"亲清新型政商关系",构建公开透明、公平公正的政务环境,减少腐败等为特征的营商环境优化,能彻底瓦解企业寻租渠道,消除企业以寻租获得特权的意图,降低腐败的可能性,引导企业进行创新[4]。

第二,优化营商环境,有利于搞活要素市场、促进生产要素自由流

---

[1] 卢万青,陈万灵. 营商环境、技术创新与比较优势的动态变化 [J]. 国际经贸探索,2018,34 (11):61-77;何凌云,陶东杰. 营商环境会影响企业研发投入吗?:基于世界银行调查数据的实证分析 [J]. 江西财经大学学报,2018 (3):50-57;夏后学,谭清美,白俊红. 营商环境、企业寻租与市场创新:来自中国企业营商环境调查的经验证据 [J]. 经济研究,2019,54 (4):84-98;于文超,梁平汉. 不确定性、营商环境与民营企业经营活力 [J]. 中国工业经济,2019 (11):136-154.

[2] 卢万青,陈万灵. 营商环境、技术创新与比较优势的动态变化 [J]. 国际经贸探索,2018,34 (11):61-77;夏后学,谭清美,白俊红. 营商环境、企业寻租与市场创新:来自中国企业营商环境调查的经验证据 [J]. 经济研究,2019,54 (4):84-98;陈颖,陈思宇,王临风. 城市营商环境对企业创新影响研究 [J]. 科技管理研究,2019,39 (12):20-28.

[3] 杨其静. 企业成长:政治关联还是能力建设? [J]. 经济研究,2011,46 (10):54-66,94.

[4] 顾元媛,沈坤荣. 地方政府行为与企业研发投入:基于中国省际面板数据的实证分析 [J]. 中国工业经济,2012 (10):77-88;赖敏,余泳泽,刘大勇,等. 制度环境、政府效能与"大众创业万众创新":来自跨国经验证据 [J]. 南开经济研究,2018 (1):19-33;夏后学,谭清美,白俊红. 营商环境、企业寻租与市场创新:来自中国企业营商环境调查的经验证据 [J]. 经济研究,2019,54 (4):84-98;许志端,阮舟一龙. 营商环境、技术创新和企业绩效:基于我国省级层面的经验证据 [J]. 厦门大学学报(哲学社会科学版),2019 (5):123-134;冯涛,张美莎. 营商环境、金融发展与企业技术创新 [J]. 科技进步与对策,2020,37 (6):147-153.

动、提高资源配置效率，为企业持续创新提供资金、人才、技术等支持。企业创新中，大量的研发资金和人才等投入是关键，融资的难易程度会影响企业的创新选择。一则，优化营商环境有利于减少地方政府对资金市场的干预。若地方营商环境恶劣，政府在税收利益诱导下干预资金市场，使资本流向低风险、易考核、见效快的短平快的重复建设项目，就将导致金融资本无法流向技术含量高、研发风险高、见效周期长但有利于创新发展的项目。这会减少技术创新项目的资金供给，增大企业融资难度[①]。二则，高质量的营商环境，能降低金融要素错配程度、减少金融市场的信息不对称，优化企业融资环境、便利企业外部融资、拓宽企业融资渠道，从而减少企业融资成本，缓解企业创新投资融资约束[②]。良好的营商环境能确保市场机制顺利运行，使金融资本最终流向具备"创造性破坏"潜质的企业家，促使社会技术创新水平得到提高[③]。

第三，优化营商环境，营造公平竞争的市场环境，有利于企业创新。一则，营商环境优化，新生企业进入市场门槛降低，企业创新成果上市周期缩短，创新成果转化加快[④]，市场在位企业竞争压力加大，倒逼企业加大研发投入，追逐"优先利润"，占据市场优势地位[⑤]。二则，公平竞争的

---

① 冯涛，张美莎. 营商环境、金融发展与企业技术创新 [J]. 科技进步与对策，2020，37（6）：147-153.
② 卢万青，陈万灵. 营商环境、技术创新与比较优势的动态变化 [J]. 国际经贸探索，2018，34（11）：61-77；许志端，阮舟一龙. 营商环境、技术创新和企业绩效：基于我国省级层面的经验证据 [J]. 厦门大学学报（哲学社会科学版），2019（5）：123-134；陈颖，陈思宇，王临风. 城市营商环境对企业创新影响研究 [J]. 科技管理研究，2019，39（12）：20-28；冯涛，张美莎. 营商环境、金融发展与企业技术创新 [J]. 科技进步与对策，2020，37（6）：147-153.
③ 冯涛，张美莎. 营商环境、金融发展与企业技术创新 [J]. 科技进步与对策，2020，37（6）：147-153.
④ 徐浩，祝志勇，李珂. 营商环境优化、同群偏向性与技术创新 [J]. 经济评论，2019（6）：17-30.
⑤ 许志端，阮舟一龙. 营商环境、技术创新和企业绩效：基于我国省级层面的经验证据 [J]. 厦门大学学报（哲学社会科学版），2019（5）：123-134.

市场环境有助于缓解金融市场信息不对称，提高金融中介信息处理和传递效率，促使金融市场更准确、快速地识别拥有"创造性破坏"能力的企业家[①]，使研发投入资金最终流向更有效率的创新项目。

第四，市场化、法治化、国际化的营商环境，有利于减少因市场机制不完善而导致的研发风险[②]，增强企业创新信心，明确研发预期收益，补偿创新的外部性收益与风险[③]，保障创新收益归创新主体所有。企业创新面临失败风险，但市场化、法治化、国际化的营商环境能够吸引优质外资企业产生技术溢出，提高国内企业研发成功率，降低企业创新成果、收益被侵蚀和挤压的可能性[④]，降低企业创新产品被模仿、抄袭的概率[⑤]，稳定企业的创新收益预期[⑥]，增强企业研发投入的动机。

综上所述，良好的营商环境有利于减少企业制度性交易成本以及非生产性投资，促进要素自由流动，降低企业融资成本，为企业创新研发投入节流开源。良好的营商环境有利于构建公平竞争的市场环境，增大企业创新压力，减少创新风险，加快研发成果转化，提高创新成功率，增加企业

---

① 冯涛，张美莎．营商环境、金融发展与企业技术创新［J］．科技进步与对策，2020，37（6）：147-153．

② 白俊红．中国的政府R&D资助有效吗？来自大中型工业企业的经验证据［J］．经济学（季刊），2011，10（4）：1375-1400；江静．公共政策对企业创新支持的绩效：基于直接补贴与税收优惠的比较分析［J］．科研管理，2011，32（4）：1-8；张平，张鹏鹏，蔡国庆．不同类型环境规制对企业技术创新影响比较研究［J］．中国人口·资源与环境，2016，26（4）：8-13；何凌云，陶东杰．营商环境会影响企业研发投入吗？：基于世界银行调查数据的实证分析［J］．江西财经大学学报，2018（3）：50-57；吴义爽，柏林．中国省际营商环境改善推动地方产业结构升级了吗？：基于政府效率和互联网发展视角［J］．经济问题探索，2021（4）：110-122．

③ 宋清，杨雪．税收优惠、营商环境与企业创新绩效［J］．中国科技论坛，2021（5）：99-107．

④ CHEN Y，PUTTITANUN T．Intellectual property rights and innovation in developing countries［J］．Journal of development economics，2005，78（2）：474-493；王华．更严厉的知识产权保护制度有利于技术创新吗？［J］．经济研究，2011，46（S2）：124-135．

⑤ 龚兴军．我国营商环境对企业创新的影响研究［J］．价格理论与实践，2019（2）：125-128．

⑥ 冯涛，张美莎．营商环境、金融发展与企业技术创新［J］．科技进步与对策，2020，37（6）：147-153．

创新收益,增强企业创新动力。

(二) 良好的营商环境是推动产业升级的必要因素

高科技产业多为技术、资本密集型产业,这些产业往往需要进行高强度专用性投资[1]。为实现产业升级,专用性投资不可或缺。而由于存在资产专用性相关的交易费用,致使契约是不完全的,事后谈判不可避免。若交易参与者或地方政府在事后谈判中有意对进行专用性投资的交易伙伴采取机会主义行为,而无法通过司法体系公正地解决此类商业纠纷,则会严重挫伤缔约方事前进行专用性投资的积极性,阻碍产业升级[2]。优化营商环境,一是可防止企业间的"敲竹杠"行为,二是可防止地方政府的"关门打狗"行为。

优化营商环境,依法保护市场主体的财产权和其他合法权益,为市场主体提供高效、便捷的维权服务,有利于降低高强度专用性投资主体的维权成本,降低企业间的"敲竹杠"风险,提高高强度专用性投资占比[3]。

优化营商环境,可为市场主体提供较稳定的政策环境,有利于减少政府"关门打狗"等机会主义行为。地方政府由于人事任命方式限制,不同任期的经济发展思路和具体调控手段不同,对于上级政府出台政策的解读和执行也各有差异,由此导致地方政策存在不确定性。主要体现为地方政府未来政策走向不明朗(即现有政策是否调整、何时调整、向何种方向调

---

[1] 杨继东,杨其静. 制度环境、投资结构与产业升级 [J]. 世界经济,2020,43 (11):52-77.
[2] 杨继东,杨其静. 打造驱动产业转型升级的良好营商环境 [J]. 国家治理,2018 (44):18-23.
[3] 杨继东,杨其静. 制度环境、投资结构与产业升级 [J]. 世界经济,2020,43 (11):52-77.

整),政策法规未来执行力度与实施效果不可知,政策优惠承诺未来兑现情况不确定①。因此,企业可能会面临地方政府"关门打狗"之行为。优化营商环境,可提高政府公信力,减少政府机会主义行为,为市场主体营造稳定的营商政策环境。

良好的营商环境,不但能驱动企业进行专用性投资,促进本地产业优化升级,还能吸引外地高劳动生产率企业流入,推动地方产业升级②。地方政府间存在营商环境差异,高劳动生产率企业偏向于流向有良好制度环境的省份。地方政府若不提高当地营商环境,而仅依靠扭曲投入要素价格,则只会吸引流动率高、劳动生产率较低的企业,进而不利于本地的产业优化升级。

因此,良好的营商环境可以从两方面实现当地产业结构优化升级:一是减少企业与政府的机会主义行为,为当地企业专用性资产投资保驾护航;二是吸引外来高劳动生产率企业,实现本地产业结构优化升级。

(三) 优化营商环境的关键是处理好政府与市场的关系

营商环境本质上是政府管制环境,政府的越位、错位与缺位会恶化营商环境。加快政府职能转变,发挥市场在资源配置中的决定性作用,处理好政府与市场的关系,是优化营商环境的治本之道③。

自改革开放以来,学术界、政界广泛探索政府与市场的关系。我国政

---

① 于文超,梁平汉. 不确定性、营商环境与民营企业经营活力 [J]. 中国工业经济,2019 (11):136-154.
② LIU X, YANG J. The cost of poor institutions: estimations based on Chinese firm flows [J]. Emerging markets finance and trade, 2022; 58 (5): 1308-1319.
③ 武靖州. 振兴东北应从优化营商环境做起 [J]. 经济纵横,2017 (1): 31-35.

府计划与市场调节已经历"计划经济为主、市场调节为辅"、"有计划的商品经济"、"社会主义市场经济"、"市场在资源配置中起基础性作用"和"市场在资源配置中起决定性作用"这五个主要阶段。中国特色社会主义进入新时代,"放管服"改革持续推进,政府在资源配置中的作用日益减弱,市场作用日益凸显。为进一步优化营商环境,处理好政府与市场的关系势在必行。

优化营商环境,深化"放管服"改革,政府要做"减法"。政府要减少行政干预市场经济[1],精简重复审批、取消不必要审批、创新审批方式,最大限度减少市场主体的制度性交易成本,构建公平自由的市场环境,最大限度发挥市场在资源配置中的决定性作用。若政府过多干预市场,出现越位和错位,就会扭曲市场资源配置,刺激企业盲目扩张,迫使市场、企业发展不良[2]。促进企业创新、激励专用性投资、推动产业升级,需为国内外企业营造有利于企业发展自身、优化技术、提高生产率以及促进市场信息传递的营商环境,而不能通过重复、烦琐、复杂的证照审批人为设置市场准入与退出门槛,损害和限制市场公平自由竞争。

优化营商环境,深化"放管服"改革,政府也要做"加法"。政府简政放权,是要把主要精力和工作重心转移到事中和事后监管上,公正监管,守好安全和质量底线,创新包容审慎监管,促进市场开放透明、公平竞争、优胜劣汰,建设人民满意的服务型政府,推进政务公开,创新服务

---

[1] 卢万青,陈万灵. 营商环境、技术创新与比较优势的动态变化[J]. 国际经贸探索,2018,34(11):61-77.
[2] 干春晖,郑若谷,余典范. 中国产业结构变迁对经济增长和波动的影响[J]. 经济研究,2011(5):4-16;夏杰长,刘诚. 行政审批改革、交易费用与中国经济增长[J]. 管理世界,2017(4):47-59;徐业坤,马光源. 地方官员变更与企业产能过剩[J]. 经济研究,2019,54(5):129-145.

方式，提高行政效率，保障基本民生，最大限度保障市场在资源配置中起决定性作用。竞争规则即优胜劣汰，公平竞争的市场环境能最大限度落实市场竞争规则，筛选优质企业，倒逼企业创新发展，驱动企业提高生产效率，推动产业升级。所以，资源配置的事交给市场，而政府应加强监管，确保市场中不存在排除和限制竞争的垄断行为。除市场竞争之外，民生所系之事也是政府职责所在。政府保障基本民生，扩大社会创业创新容错空间，为企业创新提供完善的后勤保障，促使企业敢于投入、勤于创新，勇于与国外优质企业竞争。要避免因政府缺位，致使企业不敢投入、不敢创新。

二、进一步优化营商环境

习近平总书记曾指出推动经济高质量发展"创新是第一动力"[1]。过去我国地方政府会通过提供低价土地、补贴性基础设施吸引制造业投资，但这种"竞次性"（race to bottom）发展模式不具备经济、社会发展乃至环境保护的可持续性[2]。为实现创新驱动发展，政府不能过度依赖粗放式的招商引资优惠政策，而要进一步优化营商环境，深化"放管服"改革，增强企业长期投资的动力和信心，使企业增加研发投入，助力创新驱动，提高创新绩效[3]。尽管在吸引地方投资方面，良好的营商环境与低廉的工业

---

[1] 习近平. 努力成为世界主要科学中心和创新高地 [EB/OL]. (2021-03-15) [2021-11-29]. http://jhsjk.people.cn/article/32051839.

[2] 陶然, 陆曦, 苏福兵, 等. 地区竞争格局演变下的中国转轨：财政激励和发展模式反思 [J]. 经济研究, 2009, 44 (7): 21-33.

[3] 何凌云, 陶东杰. 营商环境会影响企业研发投入吗？：基于世界银行调查数据的实证分析 [J]. 江西财经大学学报, 2018 (3): 50-57; 尚炜伦. 营商环境对民营企业创新绩效的影响 [J]. 国际经济合作, 2020 (5): 127-134.

用地价格、隐性补贴相互替代，但只有优化营商环境才有助于吸引优质企业[1]，促进地方企业创新，推动地方经济发展。对于营造有利于企业创新创业创造的环境，有以下几点建议。

（一）构建营商环境评价指标体系

目前我国高度重视优化营商环境，但针对营商环境优化效果并未形成统一明确的评价指标。各地皆响应中央政府号召优化营商环境，但对具体优化效果和地方间效果差异，都无从验收。营商环境评价指标设定可借鉴世界银行的评价体系，测评开办企业、登记物权、信贷获取、强制执行合同等 4 个方面的便利度，涉及开办企业、办理施工许可、获取电力、登记产权、获得信贷、保护中小投资者、缴税、跨境贸易、执行合约、企业破产和劳动力市场管制等 11 个环节[2]。可结合中国特色，纳入产权保护、政府监管、行政效率、政策稳定、腐败程度、征信体系建设、市场化水平等衡量指标，从而建立全方位衡量市场化、法治化、国际化营商环境的评价指标体系。

（二）持续优化营商环境

上文已提及优化营商环境有利于企业增强创新意愿、增加创新投入、稳定创新预期收益、提高创新成功概率。优化营商环境，一是更好地发挥市场在资源配置中的决定性作用，精简行政审批，提高行政效率，减少企业制度性交易成本，加大政府事中事后监管力度，建设人民满意的服

---

[1] LIU X, YANG J. The cost of poor institutions: estimations based on Chinese firm flows [J]. Emerging markets finance and trade, 2022, 58 (5): 1308-1319.

[2] 吴义爽, 柏林. 中国省际营商环境改善推动地方产业结构升级了吗？：基于政府效率和互联网发展视角 [J]. 经济问题探索, 2021 (4): 110-122.

务型政府；二是优化营商法治环境，建立公平正义的法治环境，重视知识产权制度建设，加大产权保护力度，保护市场主体产权，助力科技成果转换，激发技术创新活力，建设创新型国家；三是将营商环境指标水平纳入地方政府绩效考核，激励地方官员不断持续优化营商环境，对营商环境长期恶劣的地方官员予以追责，提高营商环境优化的可持续性和稳定性[1]。

（三）缩小地区间营商环境差异

近年来，"放管服"改革持续深化，我国整体营商环境明显改善，但地区间营商环境存在明显差异，且差异随时间发展并未缩小[2]。地区间营商环境存在差异，致使高劳动生产率企业倾向于流向营商环境较好的地区，低劳动生产率企业倾向于流向营商环境较差的地区，形成了严重的分层效应[3]。此外，与沿海地区相比，内陆地区优化营商环境对于提高企业创新绩效的边际效应更为明显[4]。缩小地区间营商环境差异，有利于内陆地区创新驱动发展，缩小地区间创新程度差异和经济发展水平鸿沟。

---

[1] 何凌云，陶东杰. 营商环境会影响企业研发投入吗?：基于世界银行调查数据的实证分析[J]. 江西财经大学学报，2018（3）：50-57；卢万青，陈万灵. 营商环境、技术创新与比较优势的动态变化[J]. 国际经贸探索，2018，34（11）：61-77；冯涛，张美莎. 营商环境、金融发展与企业技术创新[J]. 科技进步与对策，2020，37（6）：147-153.

[2] 杨继东，杨其静. 打造驱动产业转型升级的良好营商环境[J]. 国家治理，2018（44）：18-23；龚兴军. 我国营商环境对企业创新的影响研究[J]. 价格理论与实践，2019（2）：125-128；于文超，梁平汉. 不确定性、营商环境与民营企业经营活力[J]. 中国工业经济，2019（11）：136-154；LIU X，YANG J. The cost of poor institutions：estimations based on Chinese firm flows [J]. Emerging markets finance and trade，2022，58（5）：1308-1319.

[3] LIU X，YANG J. The cost of poor institutions：estimations based on Chinese firm flows [J]. Emerging markets finance and trade，2022，58（5）：1308-1319.

[4] 尚炜伦. 营商环境对民营企业创新绩效的影响[J]. 国际经济合作，2020（5）：127-134.

第二节
知识产权战略

党和国家高度重视知识产权保护，自新中国成立后便着手开展知识产权保护工作，于20世纪50年代颁布《保障发明权与专利权暂行条例》《商标注册暂行条例》等法规，在专利和商标保护方面进行了初步探索。"党的十一届三中全会以后，我国知识产权工作逐步走上正规化轨道。"①党的十八大以来，我国经济转向高质量发展阶段，党中央更加重视知识产权保护工作，先后出台了《深入实施国家知识产权战略行动计划（2014—2020年）》、《国务院关于新形势下加快知识产权强国建设的若干意见》、《"十三五"国家知识产权保护和运用规划》和《关于强化知识产权保护的意见》等决策部署。2018年美国单方面挑起中美贸易摩擦，指控中国侵犯知识产权，尽管这只是美国"借知识产权保护之名行贸易保护之实"②，但的确进一步坚定了我国实施知识产权保护战略的决心。2020年11月30日，习近平总书记在十九届中央政治局第二十五次集体学习时强调：

---

① 习近平. 全面加强知识产权保护工作 激发创新活力推动构建新发展格局［EB/OL］.（2021-01-31）［2021-08-07］. http://www.gov.cn/xinwen/2021-01/31/content_5583920.htm.

② 张中元. 中美贸易战背景下的知识产权冲突［EB/OL］.（2018-07-10）［2021-10-25］. http://china.chinadaily.com.cn/2018-07/10/content_36546486.htm.

"创新是引领发展的第一动力,保护知识产权就是保护创新。全面建设社会主义现代化国家,必须更好推进知识产权保护工作。知识产权保护工作关系国家治理体系和治理能力现代化,只有严格保护知识产权,才能完善现代产权制度、深化要素市场化改革,促进市场在资源配置中起决定性作用、更好发挥政府作用。"[1] 2021年3月发布的《中华人民共和国国民经济和社会发展第十四个五年规划和2035年远景目标纲要》明确指出要"健全知识产权保护运用体制","实施知识产权强国战略"。2021年6月国家知识产权局颁布《关于深化知识产权领域"放管服"改革优化创新环境和营商环境的实施意见》,进一步推动我国知识产权保护工作有序进行。

知识产权保护,是衡量一个国家或地区营商环境的关键指标之一,同样也是应对中美贸易摩擦的缓冲术[2]。所以优化营商环境、全面推进依法治国战略、应对中美知识产权争端,知识产权保护工作必不可少。

一、知识产权保护与创新之间的关系

一个国家或地区,知识产权保护力度对创新发展之总体效用,取决于创新能力、技术发展模式、所处技术创新之发展阶段、经济发展水平、资源禀赋以及行业特性[3]。在技术落后的发展中国家或地区,知识产权保护

---

[1] 习近平. 全面加强知识产权保护工作 激发创新活力推动构建新发展格局 [EB/OL]. (2021-01-31) [2021-08-07]. http://www.gov.cn/xinwen/2021-01/31/content_5583920.htm.
[2] 曹新明, 咸晨旭. 中美贸易战的知识产权冲突与应对 [J]. 知识产权, 2020 (9): 21-30.
[3] 王华. 更严厉的知识产权保护制度有利于技术创新吗?[J]. 经济研究, 2011, 46 (S2): 124-135; 刘小鲁. 知识产权保护、自主研发比重与后发国家的技术进步 [J]. 管理世界, 2011 (10): 10-19; 余长林, 王瑞芳. 发展中国家的知识产权保护与技术创新: 只是线性关系吗?[J]. 当代经济科学, 2009, 31 (3): 92-100; 董雪兵, 史晋川. 累积创新框架下的知识产权保护研究 [J]. 经济研究, 2006 (5): 97-105.

在一定程度上会阻碍创新[1]。在技术水平较先进、依靠自主创新的发达地区或国家,知识产权保护则有利于激励企业创新[2]。

(一) 过度知识产权保护不利于企业创新

后发国家发展前期,加大知识产权保护力度不利于企业技术创新。后发国家技术创新发展起步较晚,技术处于相对落后地位,早期创新能力较差,一般采用"引进、吸收、再创新"的创新模式,以实现工业化初期技术进步的"惊险一跳"[3]。在此发展阶段,加大知识产权保护力度不利于技术创新发展。一是知识产权保护会提高国际技术模仿成本,设立研发技术障碍[4];二是知识产权保护会强化本土技术专利障碍[5]。企业创新研发结果具有不确定性,若加大知识产权保护力度,缩窄专利宽度(技术之间的差异程度),则本国研发成果被界定为侵犯国外专利的可能性更大,本国创新研发技术被禁用的风险加剧,进而会增加创新预期收益的不确定性。对后发国家而言,强化知识产权保护,将使企业创新面对更高的技术模仿成

---

[1] SHAPIRO C. Navigating the patent thicket: cross licenses, patent pools, and standard setting [J]. Innovation policy and the economy, 2000, 1: 119-150; 刘小鲁. 知识产权保护、自主研发比重与后发国家的技术进步 [J]. 管理世界, 2011 (10): 10-19; 王华. 更严厉的知识产权保护制度有利于技术创新吗?[J]. 经济研究, 2011, 46 (S2): 124-135.

[2] 余长林, 王瑞芳. 发展中国家的知识产权保护与技术创新: 只是线性关系吗?[J]. 当代经济科学, 2009, 31 (3): 92-100; 刘小鲁. 知识产权保护、自主研发比重与后发国家的技术进步 [J]. 管理世界, 2011 (10): 10-19; 王华. 更严厉的知识产权保护制度有利于技术创新吗?[J]. 经济研究, 2011, 46 (S2): 124-135.

[3] 刘小鲁. 知识产权保护、自主研发比重与后发国家的技术进步 [J]. 管理世界, 2011 (10): 10-19; 王华. 更严厉的知识产权保护制度有利于技术创新吗?[J]. 经济研究, 2011, 46 (S2): 124-135.

[4] GLASS A J, SAGGI K. Intellectual property rights and foreign direct investment [J]. Journal of international economics, 2002, 56 (2): 387-410; 易先忠, 张亚斌. 技术差距、知识产权保护与后发国技术进步 [J]. 数量经济技术经济研究, 2006 (10): 111-121; 张亚斌, 易先忠, 刘智勇. 后发国家知识产权保护与技术赶超 [J]. 中国软科学, 2006 (7): 60-67; 易先忠, 张亚斌, 刘智勇. 自主创新、国外模仿与后发国知识产权保护 [J]. 世界经济, 2007 (3): 31-40.

[5] 刘小鲁. 知识产权保护、自主研发比重与后发国家的技术进步 [J]. 管理世界, 2011 (10): 10-19.

本以及研发技术障碍和风险，阻碍企业创新能力的积累。

（二）适当的知识产权保护有利于企业创新

适当的知识产权保护有利于激励企业创新。知识、技术等属于公共物品，具有非排他性和非竞争性。创新过程存在研发溢出即研发外部性[①]。没有知识产权保护，企业难以阻止其他企业通过模仿剽窃其创新成果，从而导致创新研发的私人收益小于社会收益，挫伤企业创新积极性。加大知识产权保护力度，赋予创新者有期限的创新成果排他性权利，能降低企业创新技术被模仿、窃取的风险，减少外部性问题与研发损失，弥补创新前期投入，增加创新预期收益，激励企业创新活动持续进行[②]。

知识产权保护有利于创新融资，便利企业创新。其一，没有知识产权保护，技术研发融资市场面临信息不对称，不利于企业外部融资。一方面，企业担忧技术泄露不愿披露信息，金融市场主体无法了解企业研发进展、评估技术商业化价值，从而不敢贸然投资研发项目；另一方面，若创新企业披露技术信息，则在知识产权保护不力的情况下，投资企业可直接模仿、剽窃技术，而不会为研发企业提供研发资金[③]。其二，研发创新本

[①] 吴超鹏，唐菂.知识产权保护执法力度、技术创新与企业绩效：来自中国上市公司的证据[J].经济研究，2016，51（11）：125-139；史宇鹏，顾全林.知识产权保护、异质性企业与创新：来自中国制造业的证据[J].金融研究，2013（8）：136-149；KELLER W. International technology diffusion [J]. Journal of economic literature，2004，42（3）：752-782.

[②] 余长林，王瑞芳.发展中国家的知识产权保护与技术创新：只是线性关系吗？[J].当代经济科学，2009，31（3）：92-100；张杰，陈志远，杨连星，等.中国创新补贴政策的绩效评估：理论与证据[J].经济研究，2015，50（10）：4-17；吴超鹏，唐菂.知识产权保护执法力度、技术创新与企业绩效：来自中国上市公司的证据[J].经济研究，2016，51（11）：125-139.

[③] ANTON J J，YAO D A. The sale of ideas：strategic disclosure, property rights, and contracting [J]. Review of economic studies，2002，69（3）：513-531；UEDA M. Banks versus venture capital：project evaluation, screening, and expropriation [J]. The journal of finance，2004，59（2）：601-621.

身面临不确定性,若外部投资者预期创新研发成果无法受法律严格保护,创新成果面临侵权风险,则会影响其投资意愿[①]。加大知识产权保护力度,严厉打击知识产权侵权行为,消除创新企业信息披露忧虑,赋予创新技术排他性权利,创新企业更乐意向外部股东和债权人披露研发相关信息和商业化前景,减少金融市场信息不对称,降低外部投资者投资风险,便于企业创新研发融资,解决研发资金不足问题。

知识产权保护有利于技术公开、促进累积创新。当知识产权保护力度较强时,企业更愿为创新成果申请专利[②],公开相关技术信息,而这利于形成纵向溢出,为后期创新者奠定基础[③]。若没有知识产权保护,则企业将视核心技术为商业机密,不愿公开技术相关信息,从而导致相关领域研究者或企业无法在已有技术基础上推动技术长足发展。因此,加大知识产权保护力度,一定程度上有利于已有创新研究成果公开、共享。

(三) 知识产权保护要有度

知识产权保护与创新并非线性关系[④]。弱化知识产权保护,有利于模仿式创新发展;而强化知识产权保护,有利于增加创新预期收益、便利创新外部融资、促进创新累积发展,从而推动企业研发创新。所以知识产权保护要有度,不必要一味与发达国家看齐,实施与发达国家相当的知识产

[①] 吴超鹏,唐菂. 知识产权保护执法力度、技术创新与企业绩效:来自中国上市公司的证据[J]. 经济研究,2016,51 (11):125-139.
[②] 吴超鹏,唐菂. 知识产权保护执法力度、技术创新与企业绩效:来自中国上市公司的证据[J]. 经济研究,2016,51 (11):125-139.
[③] 董雪兵,史晋川. 累积创新框架下的知识产权保护研究[J]. 经济研究,2006 (5):97-105.
[④] 余长林,王瑞芳. 发展中国家的知识产权保护与技术创新:只是线性关系吗?[J]. 当代经济科学,2009,31 (3):92-100;刘小鲁. 知识产权保护、自主研发比重与后发国家的技术进步[J]. 管理世界,2011 (10):10-19.

权保护强度[1]，也不能一味放纵侵权行为，助长侵权风气，损害创新企业创新积极性。知识产权保护的实施应与国家发展阶段和创新能力相适应[2]。

目前，我国已进入需强化知识产权保护的新发展阶段。一则，目前我国已成为世界第二大经济体，自主研发创新能力在大部分领域已基本具备，国内已形成一批具有较强资金实力和一定技术创新能力的企业。二则，国际形势风云变幻，美国多次不实地指控我国侵犯知识产权，并单方面挑起中美贸易摩擦，将矛头直指知识产权问题，企图以知识产权为策略工具，遏制我国崛起，我国经济发展早期"引进、吸收、再创新"的创新模式不再适用。对于美国而言，知识产权已然成为其降低国内贸易赤字的一种救济手段，成为美国在国际竞争中的重要竞争策略[3]。我国近几年在5G通信、人工智能、区块链、量子信息等科学技术领域的迅猛发展，"威胁"到美国的科技霸权和国际规则主导权。而美国不惜挑起中美贸易摩擦，以知识产权保护为幌子，企图借此拖慢我国技术创新的速度以及破坏《中国制造2025》的战略部署。强化知识产权保护，为企业创新营造良好环境，实施创新驱动发展战略，也是粉碎美国以知识产权保护为借口遏制中国腾飞阴谋的最有效手段。

知识产权保护要加强，但也不能一刀切，要依技术发展特性以及行业特性而定。对于具有网络外部性的行业，如计算机软硬件，或以音乐、书籍和期刊为主，研发周期短、创新速率快的行业，适用于较宽松的知识产

---

[1] 王华. 更严厉的知识产权保护制度有利于技术创新吗？[J]. 经济研究, 2011, 46 (S2): 124-135.

[2] 余长林, 王瑞芳. 发展中国家的知识产权保护与技术创新：只是线性关系吗？[J]. 当代经济科学, 2009, 31 (3): 92-100; 刘小鲁. 知识产权保护、自主研发比重与后发国家的技术进步 [J]. 管理世界, 2011 (10): 10-19; 王华. 更严厉的知识产权保护制度有利于技术创新吗？[J]. 经济研究, 2011, 46 (S2): 124-135.

[3] 曹新明, 咸晨旭. 中美贸易战的知识产权冲突与应对 [J]. 知识产权, 2020 (9): 21-30.

权保护制度，如版权制度，以发挥网络外部性、促进内容服务快速迭代；而以生物、电子和医药等为主，研发投入多、研发结果不确定、研发耗时长的行业，适用于较严格的知识产权保护制度，以保证创新收益，减少研发溢出，激励企业创新发展[1]。

二、我国知识产权战略的成就与问题

(一) 近年来我国知识产权保护卓有成效

我国知识产权保护已有一定成效。《二〇二〇年中国知识产权保护状况》报告指出，全国知识产权保护社会满意度初步上升，满意度评分从2016年的72.38上升至2020年的80.05，平均每年增长约2分。知识产权保护（司法保护、行政执法、保护机制和能力建设）成效凸显，制度建设不断完善，仅2020年就修改出台四部知识产权相关法律法规，出台二十余份实施知识产权保护相关政策文件，发布知识产权相关司法解释、知识产权保护相关标准若干，知识产权审查质量与效率显著提高，国际知识产权合作加强，知识产权保护文化建设不断推进，为优化营商环境做出了巨大贡献[2]。2021年9月22日，中共中央、国务院又印发了《知识产权强国建设纲要（2021—2035年）》。

(二) 知识产权保护工作仍存在问题并且面临挑战

从社会满意度、政策法律颁布数量、实施效率来看，我国知识产权保护成效显著，但仍面临一些不足。

---

[1] 董雪兵，史晋川. 累积创新框架下的知识产权保护研究［J］. 经济研究，2006 (5)：97-105.
[2] 中国国家知识产权局. 二〇二〇年中国知识产权保护状况［R/OL］. (2021-04-25)［2021-08-07］. http://www.gov.cn/xinwen/2021-04/25/5602104/files/9cfbfa3fed814e1f9d04e56959ed13fb.pdf.

我国知识产权保护仍面临以下问题：第一，"全社会对知识产权保护的重要性认识需要进一步提高"；第二，新技术、新产业、新业态、新模式相关知识产权保护有待完善；第三，"知识产权整体质量效益还不够高，高质量高价值知识产权偏少"；第四，行政执法机关和司法机关的协调存在改进空间；第五，"侵权易发多发和侵权易、维权难"的现象仍存在，知识产权侵权违法行为渐趋"新型化、复杂化、高技术化"；第六，部分企业利用制度漏洞，滥用知识产权保护以谋取私利；第七，"市场主体应对海外知识产权纠纷能力明显不足，我国企业在海外的知识产权保护不到位"；等等[①]。

此外，中美知识产权摩擦无疑是我国优化知识产权保护过程中面临的一大挑战。2018年美国单方面挑起中美贸易摩擦，剑指我国知识产权保护问题。尽管指控不实，但也从侧面说明我国知识产权制度建设和知识产权保护工作仍有一定的不足，才得以让美国以知识产权保护为由，行阻碍我国发展之实。纵观历史，我国与美国在知识产权方面的摩擦并非近年来才有，而可追溯到20世纪80年代末我国改革开放初期[②]。当时我国专利制度和著作权制度还未健全，因此受到美国的指责，将我国列入"重点观察国家"名单。随后我国也在知识产权保护方面做出了相关努力，并于1992年和美国签署《中华人民共和国与美利坚合众国政府关于知识产权保护的谅解备忘录》。但是，1994年美国再次将我国列入"重点观察国家"名单[③]。此

---

① 习近平. 全面加强知识产权保护工作 激发创新活力推动构建新发展格局[EB/OL]. (2021-01-31)[2021-08-07]. http://www.gov.cn/xinwen/2021-01/31/content_5583920.htm.
② 冯伟业，卫平. 中美贸易知识产权摩擦研究：以"337调查"为例[J]. 中国经济问题，2017(2)：118-124.
③ 冯伟业，卫平. 中美贸易知识产权摩擦研究：以"337调查"为例[J]. 中国经济问题，2017(2)：118-124.

后，中美两国就知识产权保护问题进行了多次谈判，谈判失败时，美国还借机向我国征收了惩罚性关税，并对我国出口产品开展了多次"337调查"①。美国这种出尔反尔，反复将我国列入"重点观察国家"名单的行为，增加了我国出口企业的风险与不确定性。2018年美国贸易代表办公室 (Office of the United States Trade Representative，USTR) 发布了对我国有关技术转让、知识产权保护以及激励企业创新的相关行为和政策的"301条款②调查"结果后，美国宣布将有可能对从中国进口的约600亿美元的商品加征关税，这一事件激化了中美贸易摩擦③。反观历史，中美知识产权贸易摩擦对我国前期知识产权保护工作确有一定的倒逼作用，但周而复始地挑起知识产权摩擦本质上是美国企图从中获利。

所以，尽管我国近年来知识产权保护工作已大有成效，并取得了实质性进展，但还需主动优化和改进，提前部署知识产权保护战略，以不断完善知识产权保护，优化营商环境。

三、进一步完善知识产权制度建设

为使我国逐渐从知识产权引进大国转变为知识产权创造大国，习近平

---

① 337调查是美国国际贸易委员会（International Trade Commission，ITC）依据美国《1930年关税法》第337节的有关规定，针对进口贸易中的知识产权侵权行为以及其他不公平竞争行为开展调查，裁决是否侵权及有必要采取救济措施的一项准司法程序（http://ipr.mofcom.gov.cn/zhuanti/337/337_index.html）；冯伟业，卫平．中美贸易知识产权摩擦研究：以"337调查"为例 [J]．中国经济问题，2017 (2)：118-124．

② 301条款是美国贸易法中有关对外国立法或行政上违反协定、损害美国利益的行为采取单边行动的立法授权条款。这一法律工具授权美国贸易代表可对他国"不合理"或"不公平"的贸易做法发起调查，并可在调查结束后建议美国总统实施加征关税、限制进口等单边制裁。美国此次着手对华贸易调查，即依据特殊301条款，评估中国在知识产权问题上对美国可能造成的伤害。

③ 沈国兵．"美国利益优先"战略背景下中美经贸摩擦升级的风险及中国对策 [J]．武汉大学学报（哲学社会科学版），2018，71 (5)：91-99．

总书记强调我国需"加强知识产权保护工作顶层设计"、"提高知识产权保护工作法治化水平"、"强化知识产权全链条保护"、"深化知识产权保护工作体制机制改革"、"统筹推进知识产权领域国际合作和竞争"和"维护知识产权领域国家安全"[①]。基于此，本书提出以下六点完善知识产权制度建设的建议。

第一，提高知识产权保护工作法治化水平。完善知识产权法律法规体系、建立高效执法司法体系，是强化知识产权保护的重要保障。首先，需加快完善修订相关法律法规（专利法、商标法、著作权法、反垄断法、科学技术进步法等），加强法律缺失领域立法（地理标志、商业秘密等），维护法律间的一致性。其次，要强化知识产权民事司法保护，研究制定相关诉讼规范；完善刑事法律和司法解释，加大刑事打击力度。最后，建立统一的知识产权行政执法标准和司法裁判标准，协同推进行政执法和司法裁判。加大行政执法力度，严格整治人民群众关心、社会舆论关注、侵权假冒多发的重点产业和区域。

第二，研究实行差别化产业和区域知识产权政策。差别化是指知识产权保护要结合行业技术特性、地区经济发展水平，既严格保护知识产权，又防范个人或企业垄断权利肆意扩张，确保激励创新和公共利益兼得。要结合新领域新业态产业经济特性，加快健全大数据、人工智能、区块链、基因技术、云计算、内容平台领域知识产权保护制度建设，及时研究制定传统文化、传统知识等领域保护办法，解决知识产权保护缺失问题。

第三，深化知识产权领域体制机制改革，建立健全司法、行政、服务

---

① 习近平. 全面加强知识产权保护工作 激发创新活力推动构建新发展格局［EB/OL］.（2021-01-31）［2021-08-07］. http://www.gov.cn/xinwen/2021-01/31/content_5583920.htm.

管理协同保护格局。继续抓好落实、协同推进知识产权领域"放管服"改革。完善知识产权审查制度，压缩知识产权审查周期，提升知识产权申请质量，提高知识产权公共服务效能，促进知识产权服务业有序健康发展，加快知识产权成果转化。深化知识产权信息披露，加强知识产权信息公开保护；促进知识产权审判领域改革创新，健全知识产权侵权后诉讼制度，完善技术类知识产权审判流程，加快制定出台知识产权侵权惩戒性赔偿制度。健全知识产权评估体系，改进知识产权归属制度，研究制定防止知识产权滥用相关制度。

第四，持续推进知识产权保护文化建设，打造知识产权文化传播矩阵，使知识产权保护深入人心。知识产权侵权与否，根本上是个人或企业的自主行为选择。完备健全的法律制度体系、高效透明的执法司法体系，能降低知识产权侵权损失，保证知识产权受法律保护，但是无法根本杜绝知识产权侵权行为。除法治体系建设外，应加大知识产权思想宣传教育、开设知识产权政策解读专栏，帮助个人或企业建立知识产权保护意识。

第五，统筹推进知识产权领域国际合作和竞争，深度参与全球知识产权治理。"知识产权是国际竞争力的核心要素，也是国际争端的焦点。"[①]首先，要秉持人类命运共同体理念，坚持开放包容、平衡普惠原则，深度参与国际知识产权治理、规则和标准制定，推动全球知识产权治理体制向公正化、合理化发展。其次，需拓展我国知识产权保护工作成效宣传渠道，讲好中国知识产权故事，展示文明大国、负责任大国形象。倡导知识共享，深化和共建"一带一路"沿线国家和地区知识产权合作体系。再

---

① 习近平. 全面加强知识产权保护工作 激发创新活力推动构建新发展格局［EB/OL］.（2021-01-31）［2021-08-07］. http：//www.gov.cn/xinwen/2021-01/31/content_5583920.htm.

次，要推进我国知识产权有关法律规定国际化，提升知识产权国际化水平，完善国际贸易司法保护和跨境司法协作安排，合理合法高效解决跨国知识产权纠纷，加强和维护知识产权多边合作体系。最后，积极参与知识产权全球治理体系改革和建设，深化知识产权领域的对外开放，推动完善知识产权相关的国际规则和标准。

第六，坚持知识产权对外转让总体国家安全观。需强化关系到国家安全和国民经济命脉的关键技术、核心领域之自主研发和保护能力，严格依法惩治危及国家安全的知识产权对外转让行为。建立高效灵敏的国际知识产权风险预警和应急机制，建立健全知识产权涉外风险防控体系，为我国企业海外知识产权维权提供援助。

第三节
"双循环"新发展格局与科技开放合作

面对严峻复杂的新冠疫情和全球经济形势，以习近平同志为核心的党中央提出了构建以国内大循环为主体、国内国际双循环相互促进的新发展格局，这使我国科技开放合作面临着新的机遇与挑战。

科技创新是"双循环"的动力源。构建以国内大循环为主体、国内国际双循环相互促进的新发展格局需要明确"双循环"与科技开放合作的核心要义。要坚持创新在我国现代化建设全局中的核心地位,通过实施科技自立自强战略,大力推动科技创新,改善科技创新生态,为实现"双循环"新发展格局奠定坚实牢固的技术基础。同时,加快对核心技术攻关的进程,通过结构性改革,打通国内国际循环中的一些堵点,把创新链作为耦合产业链和供应链的关键环节,推动劳动力、土地、资本、技术等四大要素循环,练好新理念、新科技、新经济、新基建、新机制五大内功,逐渐由政策性开放转向制度性开放,助力产业结构优化升级,实现"中国制造"向"中国智造"转型,打造未来发展新优势①。

一、继续倡导科技开放合作,积极参与国内国际双循环

在提出新发展格局的同时,中央多次强调,仍然要坚定不移地实行对外开放,继续倡导科技开放合作,积极参与国内国际双循环。

2020年5月14日召开的中央政治局常务委员会会议首次提出,要深化供给侧结构性改革,充分发挥我国超大规模市场优势和内需潜力,构建国内国际双循环相互促进的新发展格局。

2020年5月23日,习近平总书记在看望参加全国政协十三届三次会议的经济界委员时强调,要坚持用全面、辩证、长远的眼光分析当前经济形势,努力在危机中育新机,于变局中开新局②。面向未来,我们要把满足国内需求作为发展的出发点和落脚点,加快构建完整的内需体系,逐步

---

① 蒲清平,杨聪林. 构建"双循环"新发展格局的现实逻辑、实施路径与时代价值[J]. 重庆大学学报(社会科学版),2020,26(6):24-34;江小涓,孟丽君. 内循环为主、外循环赋能与更高水平双循环:国际经验与中国实践[J]. 管理世界,2021,37(1):1-19.

② 习近平. 坚持用全面辩证长远眼光分析经济形势 努力在危机中育新机于变局中开新局[EB/OL]. (2020-05-24)[2020-05-24]. http://jhsjk.people.cn/article/31720895.

形成以国内大循环为主体、国内国际双循环相互促进的新发展格局，培育新形势下我国参与国际合作和竞争新优势。2020年7月21日，习近平总书记在京主持召开企业家座谈会时强调："在当前保护主义上升、世界经济低迷、全球市场萎缩的外部环境下，我们必须充分发挥国内超大规模市场优势，通过繁荣国内经济、畅通国内大循环为我国经济发展增添动力，带动世界经济复苏。要提升产业链供应链现代化水平，大力推动科技创新，加快关键核心技术攻关，打造未来发展新优势。"[①] 同年7月30日，习近平总书记主持召开中共中央政治局会议，再次强调当前经济形势仍然复杂严峻，不稳定性、不确定性较大，我们遇到的很多问题是中长期的，必须从持久战的角度加以认识，加快形成以国内大循环为主体、国内国际双循环相互促进的新发展格局[②]。

习近平总书记在《关于〈中共中央关于制定国民经济和社会发展第十四个五年规划和二〇三五年远景目标的建议〉的说明》中指出："构建新发展格局，是与时俱进提升我国经济发展水平的战略抉择，也是塑造我国国际经济合作和竞争新优势的战略抉择。"[③]

毋庸置疑，改革开放以来，特别是2001年加入世贸组织后，我国参与国际大循环，改变了全球分工格局和制造业布局，市场和资源"两头在外"的"世界工厂"发展模式对我国快速提升经济实力、改善人民生活发

---

① 习近平. 在企业家座谈会上的讲话 [EB/OL]. (2020 - 07 - 22) [2020 - 07 - 22]. http://jhsjk.people.cn/article/31792488.

② 习近平. 中共中央政治局召开会议决定召开十九届五中全会 [EB/OL]. (2020 - 07 - 31) [2020 - 07 - 31]. http://jhsjk.people.cn/article/31804564.

③ 习近平. 关于《中共中央关于制定国民经济和社会发展第十四个五年规划和二〇三五年远景目标的建议》的说明 [EB/OL]. (2020 - 11 - 04) [2020 - 11 - 04]. http://jhsjk.people.cn/article/31917783.

挥了重要作用。

近几年，随着全球政治经济环境变化，逆全球化趋势加剧，单边主义、保护主义盛行，传统国际循环受阻。对此，我国必须把发展立足点放在国内，更多依靠国内市场实现经济发展。但是新发展格局绝不是封闭的国内循环，而是开放的国内国际双循环。推动形成宏大顺畅的国内经济循环，就能更好吸引全球资源要素，既满足国内需求，又提升我国产业技术发展水平，形成参与国际经济合作和竞争新优势。例如，近年来我国以数字化、网络化打造广交会、进博会等国际贸易新平台，正在形成国际贸易展示、交流与合作的新模式。这些要求既符合我们自身高质量发展的需要，也顺应了新时代背景下全球化的趋势。

关于推进对外开放，习近平总书记在2020年召开的经济社会领域专家座谈会上还特别强调了两点："一是凡是愿意同我们合作的国家、地区和企业，包括美国的州、地方和企业，我们都要积极开展合作，形成全方位、多层次、多元化的开放合作格局。二是越开放越要重视安全，越要统筹好发展和安全，着力增强自身竞争能力、开放监管能力、风险防控能力，炼就金刚不坏之身。"[1] 这表明倡导合作和共同发展是中国的基本立场，我们应以全局性的眼光不断优化营商环境，与所有遵守市场规则和契约精神、不损害中国国家和企业合法利益的国家、地区和企业展开合作。同时，在扩大开放中也要增强风险防控与监管能力，对危害中国国家安全及有损中国企业合法权益的各类行为预设应对"政策工具箱"，坚决维护主权。

---

[1] 习近平. 在经济社会领域专家座谈会上的讲话 [EB/OL]. (2020-08-25) [2020-08-25]. http://jhsjk.people.cn/article/31835136.

在当今逆全球化思潮抬头、单边主义、保护主义盛行之际，中国仍坚定不移地推进对外开放与合作，顺应了经济全球化的历史潮流。各国分工合作、互利共赢是长期趋势，也是世界经济发展的客观要求。人类发展史就是一部始终朝着更高效率生产和生活方式发展的演进史。随着生产技术的进步，社会经济从自给自足逐步发展到专业化分工，分工也从家庭之间逐步发展到地区之间与国家之间，乃至发展到全球价值链之间。这一演进过程并非偶然，而是人类历史的必然选择，因为它代表着更高的效率和生产力水平[①]。因此，我国继续倡导科技开放合作，积极参与国内国际双循环是顺应人类发展客观要求的科学选择。

"双循环"是量与质并重的循环。量的循环的基础是我国广阔的内需市场，而质的循环则需要完善开放格局、优化营商环境及继续倡导多边合作，坚持以开放促改革、促发展、促创新，进而实现更高水平的对外开放。新冠疫情、单边主义、贸易保护主义、霸凌主义都不可能打破人类社会演进的主旋律。对外开放是中国的基本国策，我们应坚持深化改革、扩大开放，继续倡导科技开放合作，推动建设开放型世界经济，以高水平对外开放更好地驱动国内国际双循环。

二、处理好国内国际双循环之间的关系

在以创新为动力、以科技为基底的高质量发展阶段，构建以国内大循环为主体、国内国际双循环相互促进的新发展格局，需要处理好国内国际双循环之间的关系。改革开放四十多年以来，中国的国内国际循环格局持

---

① 沈铭辉. 以高水平对外开放驱动国内国际双循环 [N]. 经济日报，2020 - 10 - 29 (11).

续地进行着演化调整,以国内大循环为主体、国内国际双循环相互促进的新发展格局标志着这一演化调整进入了一个新阶段。

从人类历史上的经验观之,我们要构建安全可控、富有韧性的经济体系,就必须以内循环为主,在动荡复杂的世界体系中建立稳固的基本盘。脱离国内大循环、单纯追求国际外循环以融入全球经济,会固化粗放型的出口导向发展模式,并且对我国供给能力的提高及产业结构的优化作用相对有限[1]。发展国内大循环要着眼于提高国内经济发展的效率与公平性。在国际需求乏力、金融风险加大的情况下,当前要以打通国内供需两侧为主,通过激活需求并匹配高质量供给让经济真正循环起来。扩大内需,加快构建完整内需体系,核心是通过挖掘国内市场需求,推动国内消费市场消费能力的释放,加强并完善经济增长的内循环。通过破除制约要素合理流动的堵点,矫正资源要素失衡错配,从源头上畅通国民经济循环,使内循环成为国家经济增长的核心动力之一。

畅通国内大循环的途径,其一是在需求端,提高商品与服务供给质量,使消费者可以享受到更为优质的商品和服务。同时,深化收入分配体制改革,稳步提高居民收入、扩大中等收入群体。此外,完善保障体系,改善居民消费预期,刺激居民消费需求,并结合新型城镇化建设和改善型住房需求推动居民消费升级,让老百姓"想消费""能消费""敢消费"。其二是在供给侧,大力推行供给侧结构性改革,最大限度地减少无效供给、扩大有效供给,着力提高整个供给体系质量,提高供给结构对需求结构的适应性。同时,取缔抑制生产率提高的一些制度性因素,提高企业的

---

[1] 易先忠,高凌云. 融入全球产品内分工为何不应脱离本土需求[J]. 世界经济,2018,41(6): 53-76.

技术创新水平，努力地畅通经济循环的各个环节，使之更加高效顺滑。通过构建新型政企关系，使企业"想投资""能投资""敢投资"。

畅通国内大循环，还要重视创新的作用。政府需要实施更加积极有为的财政政策，做到有效市场和有为政府的结合与协调统一，既要着力抓"六保"促"六稳"①，又要围绕国家重大战略、新兴产业、新基础设施、重点产业、重点区域加大投资力度，推动经济持续健康发展。

随着新一轮科技革命和产业变革孕育兴起，国内大循环依靠大数据、云计算和人工智能等新兴技术，深度改变着生活生产的方方面面。其中，经济要素起到了不可或缺的作用，国内大循环的实质是经济要素在生产、流通、分配、消费等环节的流通和循环，应积极推动劳动力、土地、资本、技术等四大要素的健康有序循环。当前，要素在行业之间、企业之间的合理有序循环流动还存在诸多壁垒，我们必须依据现实条件，科学制定政策，真正使得经济循环良性发展。通过新基建、新型城镇化、"一带一路"倡议等政策缩小贫富差距、区域差距、阶层差距，推动劳动力城乡循环、区域循环、东西循环，助推中国经济战略转型和实现高质量发展。通过推进土地制度改革，破除城乡二元土地市场结构，实现城乡土地要素市场化配置，以推动劳动力要素循环；通过加快证券市场基础制度建设，完善多层次资本市场制度，构建资本要素市场体系，推动资本要素循环；通过发挥新型举国体制优势完善科技之短板，实现核心技术自主可控；通过实施创新驱动发展战略，在传统领域实施技术改造升级，加快传统产业的智能化、数字化转型。我们既要持续以供给侧结构性改革为主线，疏通国

---

① "六保"指的是保居民就业、保基本民生、保市场主体、保粮食能源安全、保产业链供应链稳定、保基层运转。"六稳"指的是稳就业、稳金融、稳外贸、稳外资、稳投资、稳预期。

内大循环的断点和堵点，又要把握扩大内需这个战略基点，满足人们的美好生活需要，为构建国内国际双循环的新发展格局寻找到持续安全、高效稳定的动力源和支撑面。

与国内大循环相比，国际大循环逐步进入全球化的新阶段，需要我国更好地倡导科技开放合作。从世界大势看，经济全球化仍是时代潮流，各国分工合作、互利共赢是长期趋势。国际经济联通和交往仍是世界经济发展的客观要求。中国致力于建设开放型世界经济，推动构建人类命运共同体。要坚持开放合作的"双循环"，通过强化科技开放合作，更加紧密地与世界经济联系互动，提升国内大循环的效率和水平。

换言之，推动"双循环"必须坚持实施更大范围、更宽领域、更深层次的对外开放以融入全球经济，目的是通过发挥内需潜力，使国内市场和国际市场更好联通，更好利用国内国际两个市场、两种资源，实现更为强劲可持续的发展。要进一步扩大市场准入，创造更加公平的市场环境，在更高水平上引进外资。加快推进贸易创新发展，提升进出口质量，实现高质量"引进来"和高水平"走出去"。用顺畅联通的国内国际双循环，推动建设开放型世界经济。积极主动地参与全球经济治理体系改革，推动完善更加公平合理的国际经济治理体系，形成更加紧密稳定的全球经济循环体系。加强国际协调，共同防范和化解国际系统性金融风险，促进各国共享全球化深入发展的机遇和成果。只有逐步形成国内国际双循环互相促进的格局，大国经济才能做到行稳致远。

要形成以国内大循环为主体、国内国际双循环相互促进的新发展格局，就要坚持创新驱动发展，促进治理能力与制度环境持续提升和完善，尽快形成新的全球化伦理。在新发展格局中，人才是第一资源。完善人才评价和激励机制，健全以创新能力、质量、实效、贡献为导向的科技人才评价体系，有助于构建充分体现知识、技术等创新要素价值的收益分配机制。对于高新技术领域和高技术产业而言，缺乏一流的人才，就难以实现产业链供应链的优化升级。

从本质上看，实现创新驱动发展与科技自立自强、确保产业链供应链安全稳定的关键在人才。对此，应深入贯彻科教兴国战略，着力为我国产业链供应链优化升级培养一批大国工匠和高技能人才。大力实施人才强国战略，深化人才发展体制机制改革，激发人才创新活力，全方位培养、引进、用好人才。加强创新型、应用型、技能型人才培养，壮大高水平工程师和高技能人才队伍，为确保产业链供应链安全稳定提供充足的人才储备和人才供应。通过基本公共服务均等化、税制改革、提高教育水准、提高社会流动性、破除劳动力迁移障碍、促进充分就业等一系列改革，为人尽其才、创新创业创造条件。强调以国内大循环为主体，并不是将海外人才拒之门外，而是要把开放的大门打开，实现聚天下英才而用之。要善于运用全球视野，以更高的站位更新理念，在产业结构、城市定位、服务功能、投资环境等方面下足功夫，充分发挥全球引才网络平台、海外人才合作中心等平台作用，广泛推送国内产业、政策、人才需求等信息，在发达国家和地区就地开展人才招引、智力成果转化等工作，造就一批国际一流的科技领军人才与创新团队，培养具有国际竞争力的青年科技人才后备军。

三、包容性全球化与"一带一路"倡议

构建国内国际双循环相互促进新发展格局，是党中央基于对国际外部环境变化、新冠疫情冲击以及国内供需结构变化重新定位和思考后做出的

重大战略部署，是提升我国经济发展水平的战略抉择，也是塑造我国国际经济合作和竞争新优势的战略抉择。包容性全球化是新一轮全球化趋势下我国对全球价值链规则体系的新认识和新主张，是对目前经济全球化中全球价值链规则体系的完善。它主张全球价值链下的合作与共赢、包容与接受、开放与发展。构建包容性的全球价值链，需要中国由商品要素开放转向按国际规则开放，由遵守、适应国际经贸规则向主动参与、维护国际经贸规则的制定和严格执行转变，推动世界经济迈向更加创新、更具有活力的新格局。

过去几十年中，中国经济开放的主要特征，从地缘位置上看是向东开放，是加入由西方发达国家跨国公司所主导的全球价值链进行加工制造和出口活动。这一粗放型出口导向型经济发展战略帮助中国在前期取得了"经济增长奇迹"。但是在当今新的全球化趋势下，为了脱离全球价值链的中低端地位以及摆脱区域经济发展不平衡困境，我们倡导"一带一路"、国际产能合作等政策下的向西开放。

"一带一路"倡议提出后，学者们高度重视其为中国产业国际分工地位提高带来的新机遇。深化制造业对外开放，通过加强国际产能合作优化资源的全球配置将为中国制造业发展提供新平台。一是，要在原有全球价值链基础上进行产业升级，融入发达国家主导的全球创新链。二是，要在"一带一路"沿线构建以我为主的全球价值链。因此，要把我国过去在欧美主导的全球价值链下学到的知识与经验，以及相应的制度创新成果运用到"一带一路"倡议的实践中去，在积极嵌入发达国家价值链的同时，应积极打造并引领发展中国家价值环流。不仅要给中国经济转型发展创造新动能，还要带动"一带一路"沿线国家共同发展。

"一带一路"突出强调内与外、东与西、沿海与内地、工业与农业的多重互动,从多时空、多维度、多领域实现区域战略合作,通过构建以中国为核心的全球经济治理平台,并基于对外投资和引进外资并重的战略思想,将中国区域经济的重大转型放到重塑世界经济地理格局中。例如,刘志彪和吴福象提出"一带一路"倡议下中国企业嵌入全球价值链的"双重嵌入模式",即企业既嵌入本地化的产业集群,又通过"抱团嵌入"的策略嵌入西方跨国公司主导的全球价值链[①]。这种包容性全球化发展观符合各国利益,依托"一带一路"建设塑造以我为主的包容性全球价值链是中国顺应当今国际形势的新选择。利用"一带一路"贸易网络核心节点的优势,可以为沿线国家提供更多融入全球附加值分工体系的渠道,构建合作共赢、联动发展的全球经济生态。各地依托特有的要素禀赋,优化资源配置,通过科技开放与区域合作实现规模经济效应,重塑双向开放的全球价值链和国内价值链,实现全球价值链与国内价值链的全方位衔接和互动,统筹协调国际和国内两个市场、两种资源,进而构筑陆海统筹、东西互济、面向全球的对外开放经济发展新格局。"一带一路"倡议体现了以开放促改革、以改革促发展、以发展促转型的中国智慧,彰显了中国作为发展中大国应对新时代出现逆全球化潮流的复杂局面,创新全球治理模式的决心。

经过多年开放式的发展,我国深度融入经济全球化,形成了体系齐全、门类完整的产业体系,对全球产业链供应链的发展做出了巨大贡献,当前我国参与全球产业分工的链条较长且范围广泛,在全球产业链中已居于重要位势。但同时我们也应看到全球产业链的波动对我国影响较大,许

---

① 刘志彪,吴福象."一带一路"倡议下全球价值链的双重嵌入[J].中国社会科学,2018(8):17-32.

多产业较高比重的市场和资源在国外，抗风险能力有待提升[①]。2020年以来，新冠疫情冲击下的市场需求萎缩与外部产能下降，给我国带来产供销脱节的风险，加之传统产业的供给侧动力弱化，加剧了产业链供应链的不稳定，必须内外循环畅通整个产业才能有效运转。

当今世界正处于百年未有之大变局，保产业链供应链稳定，是应对危机挑战必须确立的底线思维。为此，推动全球产业链发展及维护全球产业链安全，是与我国自身发展息息相关的。一方面，我们必须把科技自立自强作为国家发展的战略支撑，坚持创新在我国现代化建设全局中的核心地位，以创新驱动发展，攻坚"卡脖子"相关环节，努力实现我国产业链供应链自主可控和安全稳定，为构建新发展格局夯实基础。另一方面，国际市场与国内市场息息相关，是国内市场的延伸。推动形成顺畅的国内循环，就能更好吸引全球要素流动，既满足国内需求，又提升我国产业技术水平，形成参与国际经济合作和竞争新优势。在当前保护主义抬头、全球市场低迷的外部环境下，我国需要充分发挥超大规模市场优势和内需潜力，坚持构建以国内大循环为主体、国内国际双循环相互促进的新发展格局，以"一带一路"建设为重点，积极参与全球经济治理，形成全方位、多层次、高质量的开放新格局。此外，我国还可以依托高水平的治理能力及高质量的制度环境向世界讲好中国故事，输送中国智慧，推动经济全球化朝着开放、包容、普惠、平衡、共赢的方向发展，努力实现构建人类命运共同体的伟大事业。

---

① 江小涓，孟丽君. 内循环为主、外循环赋能与更高水平双循环：国际经验与中国实践[J]. 管理世界，2021，37（1）：1-19.

参考文献

[1] ACEMOGLU D, AUTOR D, DORN D, et al. Import competition and the great US employment sag of the 2000s [J]. Journal of labor economics, 2016, 36 (S1): S141-S198.

[2] AGHION P, CAI J, DEWATRIPONT M, et al. Industrial policy and competition [J]. American economic journal: macroeconomics, 2015, 7 (4): 1-32.

[3] ÅHMAN M. Government policy and the development of electric vehicles in Japan [J]. Energy policy, 2006, 34 (4): 433-443.

[4] AMSDEN A H. Asia's next giant South Korea and late industrialization [M]. New York: Oxford University Press, 1989.

[5] ANTON J J, YAO D A. The sale of ideas: strategic disclosure, property rights, and contracting [J]. Review of economic studies, 2002, 69 (3): 513-531.

[6] CHEN Y, PUTTITANUN T. Intellectual property rights and innovation in developing countries [J]. Journal of development economics, 2005, 78 (2): 474-493.

[7] DAVID H, DORN D, HANSON G H. The China syndrome:

local labor market effects of import competition in the United States [J]. American economic review, 2013, 103 (6): 2121-2168.

[8] GLASS A J, SAGGI K. Intellectual property rights and foreign direct investment [J]. Journal of international economics, 2002, 56 (2): 387-410.

[9] HU A G, JEFFERSON G H. A great wall of patents: what is behind China's recent patent explosion? [J]. Journal of development economics, 2008, 90 (1): 57-68.

[10] KELLER W. International technology diffusion [J]. Journal of economic literature, 2004, 42 (3): 752-782.

[11] KRAEMER K, LINDEN G, DEDRICK J. Capturing value in global networks: Apple's iPad and iPhone [R]. PCIC Working Paper, 2011.

[12] KRUEGER A O. Political economy of policy reform in developing countries [M]. Cambridge: MIT, 1993.

[13] LIU X, YANG J. The cost of poor institutions: estimations based on Chinese firm flows [J]. Emerging markets finance and trade, 2022, 58 (5): 1308-1319.

[14] MANSFIELD E. Basic research and productivity increase in manufacturing [J]. American economic review, 1980, 70 (5): 863-873.

[15] MASKIN E, QIAN Y, XU C. Incentives, information, and organizational form [J]. The review of economic studies, 2000, 67 (2): 359-378.

[16] NARIN F, HAMILTON K S, OLIVASTRO D. The increasing

linkage between U. S. technology and public science [J]. Research policy, 1997, 26 (3): 317-330.

[17] PACK H, WESTPHAL L E. Industrial strategy and technological change theory versus reality [J]. Journal of development economics, 1986, 22 (1): 87-128.

[18] ROMER P M. The origins of endogenous growth [J]. Journal of economic perspectives, 1994, 8 (1): 3-22.

[19] SHAPIRO C. Navigating the patent thicket: cross licenses, patent pools, and standard setting [J]. Innovation policy and the economy, 2000, 1: 119-150.

[20] SIERZCHULA W, BAKKER S, MAAT K, et al. The influence of financial incentives and other socio-economic factors on electric vehicle adoption [J]. Energy policy, 2014, 68: 183-194.

[21] STERNBERG R. Reasons for the genesis of high-tech regions theoretical explanation and empirical evidence [J]. Geoforum, 1996, 27 (2): 205-223.

[22] TASSEY G. Policy issues for R&D investment in a knowledge-based economy [J]. Journal of technology transfer, 2004, 29 (2): 153-185.

[23] UEDA M. Banks versus venture capital: project evaluation, screening, and expropriation [J]. The journal of finance, 2004, 59 (2): 601-621.

[24] 艾冰. 欧美国家政府采购促进自主创新的经验与启示 [J]. 宏观

经济研究，2012（1）：13-20.

[25] 安菁. 产业创新人才成长的影响因素与评价体系研究[D]. 北京：北京理工大学，2015.

[26] 安同良，周绍东，皮建才. R&D 补贴对中国企业自主创新的激励效应[J]. 经济研究，2009，44（10）：87-98，120.

[27] 安志. 面向企业的政府创新激励政策效应研究[D]. 南京：南京大学，2019.

[28] 白俊红，蒋伏心. 协同创新、空间关联与区域创新绩效[J]. 经济研究，2015，50（7）：174-187.

[29] 白俊红. 中国的政府 R&D 资助有效吗？：来自大中型工业企业的经验证据[J]. 经济学（季刊），2011，10（4）：1375-1400.

[30] 曹新明，咸晨旭. 中美贸易战的知识产权冲突与应对[J]. 知识产权，2020（9）：21-30.

[31] 陈红，纳超洪，雨田木子，等. 内部控制与研发补贴绩效研究[J]. 管理世界，2018，34（12）：149-164.

[32] 陈家喜，汪永成. 政绩驱动：地方政府创新的动力分析[J]. 政治学研究，2013（4）：50-56.

[33] 陈劲，阳银娟. 协同创新的理论基础与内涵[J]. 科学学研究，2012，30（2）：161-164.

[34] 陈劲，阳镇，朱子钦. 新型举国体制的理论逻辑、落地模式与应用场景[J]. 改革，2021（5）：1-17.

[35] 陈林，朱卫平. 出口退税和创新补贴政策效应研究[J]. 经济研究，2008，43（11）：74-87.

[36] 陈柳钦. 产业集群与产业竞争力 [J]. 南京社会科学, 2005 (5): 15-23.

[37] 陈强远, 林思彤, 张醒. 中国技术创新激励政策: 激励了数量还是质量 [J]. 中国工业经济, 2020 (4): 79-96.

[38] 陈宜瑜. 加强基础研究 服务创新型国家建设 [J]. 求是, 2006 (6): 28-29.

[39] 陈颖, 陈思宇, 王临风. 城市营商环境对企业创新影响研究 [J]. 科技管理研究, 2019, 39 (12): 20-28.

[40] 程郁, 王胜光. 从"孵化器"到"加速器": 培育成长型企业的创新服务体系 [J]. 中国科技论坛, 2009 (3): 76-81.

[41] 戴小勇, 成力为. 财政补贴政策对企业研发投入的门槛效应 [J]. 科研管理, 2014, 35 (6): 68-76.

[42] 邓子基, 杨志宏. 财税政策激励企业技术创新的理论与实证分析 [J]. 财贸经济, 2011 (5): 5-10, 136.

[43] 董雪兵, 史晋川. 累积创新框架下的知识产权保护研究 [J]. 经济研究, 2006 (5): 97-105.

[44] 董泽芳. 高校人才培养模式的概念界定与要素解析 [J]. 大学教育科学, 2012 (3): 30-36.

[45] 杜宝贵. 论转型时期我国"科技创新举国体制"重构中的几个重要关系 [J]. 科技进步与对策, 2012, 29 (9): 1-4.

[46] 杜纲, 郭均鹏, 傅永红, 等. 企业人才激励影响因素及其强度分析 [J]. 管理工程学报, 1998, 12 (4): 61-64.

[47] 杜兰英, 陈鑫. 政产学研用协同创新机理与模式研究: 以中小

企业为例 [J]. 科技进步与对策, 2012, 29 (22): 103-107.

[48] 方福前. 关于转变经济发展方式的三个问题 [J]. 经济理论与经济管理, 2007 (11): 12-16.

[49] 冯涛, 张美莎. 营商环境、金融发展与企业技术创新 [J]. 科技进步与对策, 2020, 37 (6): 147-153.

[50] 冯伟业, 卫平. 中美贸易知识产权摩擦研究: 以"337调查"为例 [J]. 中国经济问题, 2017 (2): 118-124.

[51] 干春晖, 郑若谷, 余典范. 中国产业结构变迁对经济增长和波动的影响 [J]. 经济研究, 2011 (5): 4-16.

[52] 龚兴军. 我国营商环境对企业创新的影响研究 [J]. 价格理论与实践, 2019 (2): 125-128.

[53] 谷媛媛. 管理经济学视角下创新人才培养问题 [J]. 煤炭高等教育, 2010, 28 (2): 64-66.

[54] 顾夏铭, 陈勇民, 潘士远. 经济政策不确定性与创新: 基于我国上市公司的实证分析 [J]. 经济研究, 2018, 53 (2): 109-123.

[55] 顾元媛, 沈坤荣. 地方政府行为与企业研发投入: 基于中国省际面板数据的实证分析 [J]. 中国工业经济, 2012 (10): 77-88.

[56] 郭玥. 政府创新补助的信号传递机制与企业创新 [J]. 中国工业经济, 2018 (9): 98-116.

[57] 韩联郡, 李侠. 研发活动、组织学习与企业创新人才培养 [J]. 科学与管理, 2018, 38 (2): 15-20.

[58] 郝项超, 梁琪, 李政. 融资融券与企业创新: 基于数量与质量视角的分析 [J]. 经济研究, 2018, 53 (6): 127-141.

[59] 何虎生. 内涵、优势、意义：论新型举国体制的三个维度 [J]. 人民论坛, 2019 (32): 56-59.

[60] 何凌云, 陶东杰. 营商环境会影响企业研发投入吗？: 基于世界银行调查数据的实证分析 [J]. 江西财经大学学报, 2018 (3): 50-57.

[61] 何郁冰. 产学研协同创新的理论模式 [J]. 科学学研究, 2012, 30 (2): 165-174.

[62] 洪银兴. 论创新驱动经济发展战略 [J]. 经济学家, 2013 (1): 5-11.

[63] 侯方宇, 杨瑞龙. 新型政商关系、产业政策与投资"潮涌现象"治理 [J]. 中国工业经济, 2018 (5): 62-79.

[64] 胡丹丹. 标杆管理在科研机构人才培养中的应用研究 [J]. 企业导报, 2011 (23): 78-79.

[65] 胡凯, 蔡红英, 吴清. 中国的政府采购促进了技术创新吗？[J]. 财经研究, 2013, 39 (9): 134-144.

[66] 胡磊. 我国传统经济发展方式的弊端与转变路径 [J]. 党政干部学刊, 2010 (9): 45-47.

[67] 胡小明. "举国体制"的改革 [J]. 体育学刊, 2002 (1): 1-3.

[68] 黄群慧. 新发展格局的理论逻辑、战略内涵与政策体系: 基于经济现代化的视角 [J]. 经济研究, 2021, 56 (4): 4-23.

[69] 贾根良, 李黎力. "转变经济发展方式"研究的最新进展述评 [J]. 山东经济, 2011, 27 (2): 15-21.

[70] 贾根良. 国际大循环经济发展战略的致命弊端 [J]. 马克思主义研究, 2010 (12): 53-64.

[71] 江飞涛, 曹建海. 市场失灵还是体制扭曲: 重复建设形成机理研究中的争论、缺陷与新进展 [J]. 中国工业经济, 2009 (1): 53-64.

[72] 江飞涛, 耿强, 吕大国, 等. 地区竞争、体制扭曲与产能过剩的形成机理 [J]. 中国工业经济, 2012 (6): 44-56.

[73] 江飞涛, 李晓萍. 直接干预市场与限制竞争: 中国产业政策的取向与根本缺陷 [J]. 中国工业经济, 2010 (9): 26-36.

[74] 江静. 公共政策对企业创新支持的绩效: 基于直接补贴与税收优惠的比较分析 [J]. 科研管理, 2011, 32 (4): 1-8.

[75] 江小涓, 孟丽君. 内循环为主、外循环赋能与更高水平双循环: 国际经验与中国实践 [J]. 管理世界, 2021, 37 (1): 1-19.

[76] 孔祥浩, 许赞, 苏州. 政产学研协同创新"四轮驱动"结构与机制研究 [J]. 科技进步与对策, 2012, 29 (22): 15-18.

[77] 赖俊森, 赵文玉. 量子通信技术与产业取得明显进展 [J]. 科技中国, 2017 (12): 11-12.

[78] 赖敏, 余泳泽, 刘大勇, 等. 制度环境、政府效能与"大众创业万众创新": 来自跨国经验证据 [J]. 南开经济研究, 2018 (1): 19-33.

[79] 雷小苗. "创新绩效假象"的形成机理与破解路径: 基于国家创新体系的分析 [J]. 自然辩证法通讯, 2021, 43 (3): 88-96.

[80] 黎建辉, 沈志宏, 孟小峰. 科学大数据管理: 概念、技术与系统 [J]. 计算机研究与发展, 2017, 54 (2): 235-247.

[81] 黎文靖, 郑曼妮. 实质性创新还是策略性创新?: 宏观产业政策对微观企业创新的影响 [J]. 经济研究, 2016, 51 (4): 60-73.

[82] 李传志. 我国集成电路产业链: 国际竞争力、制约因素和发展

路径 [J]. 山西财经大学学报, 2020, 42 (4): 61-79.

[83] 李捷, 余东华, 张明志. 信息技术、全要素生产率与制造业转型升级的动力机制: 基于"两部门"论的研究 [J]. 中央财经大学学报, 2017 (9): 67-78.

[84] 李文元, 梅强, 顾桂芳. 基于技术创新服务体系的中小企业开放式创新研究 [J]. 科技进步与对策, 2011, 28 (16): 5-8.

[85] 李湛, 刘波, 胡文伟. 民营孵化器运营模式与发展环境: 文献综述及研究展望 [J]. 上海经济, 2021 (1): 27-42.

[86] 李哲, 苏楠. 社会主义市场经济条件下科技创新的新型举国体制研究 [J]. 中国科技论坛, 2014 (2): 5-10.

[87] 李志遂, 刘志成. 推动综合性国家科学中心建设 增强国家战略科技力量 [J]. 宏观经济管理, 2020 (4): 51-57, 63.

[88] 林毅夫, 巫和懋, 邢亦青. "潮涌现象"与产能过剩的形成机制 [J]. 经济研究, 2010, 45 (10): 4-19.

[89] 林洲钰, 林汉川, 邓兴华. 所得税改革与中国企业技术创新 [J]. 中国工业经济, 2013 (3): 111-123.

[90] 刘春林, 田玲. 人才政策"背书"能否促进企业创新 [J]. 中国工业经济, 2021 (3): 156-173.

[91] 刘会武, 何燕. 科技创新服务体系的全球演化与中国实践 [J]. 中国高新区, 2014 (1): 132-137.

[92] 刘军, 王佳玮, 程中华. 产业聚集对协同创新效率影响的实证分析 [J]. 中国软科学, 2017 (6): 89-98.

[93] 刘小鲁. 知识产权保护、自主研发比重与后发国家的技术进步

[J]. 管理世界，2011（10）：10-19.

[94] 刘志彪，吴福象. "一带一路"倡议下全球价值链的双重嵌入[J]. 中国社会科学，2018（8）：17-32.

[95] 柳卸林，何郁冰. 基础研究是中国产业核心技术创新的源泉[J]. 中国软科学，2011（4）：104-117.

[96] 娄成武，张国勇. 基于市场主体主观感知的营商环境评估框架构建：兼评世界银行营商环境评估模式[J]. 当代经济管理，2018，40（6）：60-68.

[97] 娄伟. 我国高层次科技人才激励政策分析[J]. 中国科技论坛，2004（6）：139-143.

[98] 卢万青，陈万灵. 营商环境、技术创新与比较优势的动态变化[J]. 国际经贸探索，2018，34（11）：61-77.

[99] 吕越，陈帅，盛斌. 嵌入全球价值链会导致中国制造的"低端锁定"吗？[J]. 管理世界，2018，34（8）：11-29.

[100] 潘红波，余明桂. 政治关系、控股股东利益输送与民营企业绩效[J]. 南开管理评论，2010，13（4）：14-27.

[101] 彭留英，张洪兴. "市场失灵"、"政府失灵"与民营科技企业创新服务体系[J]. 山东理工大学学报（社会科学版），2008（3）：24-27.

[102] 皮建才. 中国地方重复建设的内在机制研究[J]. 经济理论与经济管理，2008（4）：61-64.

[103] 蒲清平，杨聪林. 构建"双循环"新发展格局的现实逻辑、实施路径与时代价值[J]. 重庆大学学报（社会科学版），2020，26（6）：24-34.

[104] 蒲晓晔, 赵守国. 我国经济发展方式转变的动力结构分析 [J]. 经济问题, 2010 (4): 39-45.

[105] 钱学锋, 裴婷. 国内国际双循环新发展格局: 理论逻辑与内生动力 [J]. 重庆大学学报 (社会科学版), 2021, 27 (1): 14-26.

[106] 邱洋冬, 陶锋. 高新技术企业资质认定政策的有效性评估 [J]. 经济学动态, 2021 (2): 16-31.

[107] 曲忠芳, 李正豪. 人工智能产业链渐成气候 商业化仍需努力 [N]. 中国经营报, 2021-07-19 (C02).

[108] 屈文建, 唐晶, 陈旦芝. 高新技术产业政策特征及演进趋势研究 [J]. 科技进步与对策, 2019, 36 (3): 61-69.

[109] 饶燕婷. "产学研"协同创新的内涵、要求与政策构想 [J]. 高教探索, 2012 (4): 29-32.

[110] 任平. 新型举国体制助力重大科技创新 [N]. 人民日报, 2016-01-26 (7).

[111] 任仲平. 决定现代化命运的重大抉择 [N]. 人民日报, 2010-03-01 (1).

[112] 尚炜伦. 营商环境对民营企业创新绩效的影响 [J]. 国际经济合作, 2020 (5): 127-134.

[113] 申广斯. 我国转变经济发展方式的制约因素与对策 [J]. 统计与决策, 2009 (22): 106-108.

[114] 沈国兵. "美国利益优先"战略背景下中美经贸摩擦升级的风险及中国对策 [J]. 武汉大学学报 (哲学社会科学版), 2018, 71 (5): 91-99.

[115] 沈铭辉. 以高水平对外开放驱动国内国际双循环 [N]. 经济日报, 2020-10-29 (11).

[116] 沈小平, 李传福. 创新型产业集群形成的影响因素与作用机制 [J]. 科技管理研究, 2014, 34 (14): 144-148.

[117] 盛朝迅. 推进我国产业链现代化的思路与方略 [J]. 改革, 2019 (10): 45-56.

[118] 史宇鹏, 顾全林. 知识产权保护、异质性企业与创新: 来自中国制造业的证据 [J]. 金融研究, 2013 (8): 136-149.

[119] 宋凌云, 王贤彬. 重点产业政策、资源重置与产业生产率 [J]. 管理世界, 2013 (12): 63-77.

[120] 宋清, 杨雪. 税收优惠、营商环境与企业创新绩效 [J]. 中国科技论坛, 2021 (5): 99-107.

[121] 孙刚, 孙红, 朱凯. 高科技资质认定与上市企业创新治理 [J]. 财经研究, 2016, 42 (1): 30-39.

[122] 孙萍, 张经纬. 市场导向的政产学研用协同创新模型及保障机制研究 [J]. 科技进步与对策, 2014, 31 (16): 17-22.

[123] 陶然, 陆曦, 苏福兵, 等. 地区竞争格局演变下的中国转轨: 财政激励和发展模式反思 [J]. 经济研究, 2009, 44 (7): 21-33.

[124] 陶然, 苏福兵, 陆曦, 等. 经济增长能够带来晋升吗?: 对晋升锦标竞赛理论的逻辑挑战与省级实证重估 [J]. 管理世界, 2010 (12): 13-26.

[125] 万钢. 加强基础研究 提升原创能力 [J]. 中国软科学, 2013 (8): 1-2.

[126] 万源星,许永斌.高新认定办法、研发操纵与企业技术创新效率 [J].科研管理,2019,40 (4):54-62.

[127] 王丛虎.论我国政府采购促进自主创新 [J].科学学研究,2006 (6):967-970.

[128] 王海成,吕铁.知识产权司法保护与企业创新:基于广东省知识产权案件"三审合一"的准自然试验 [J].管理世界,2016 (10):118-133.

[129] 王海啸,缪小明.我国新能源汽车研发补贴的博弈研究 [J].软科学,2013,27 (6):29-32.

[130] 王华.更严厉的知识产权保护制度有利于技术创新吗? [J].经济研究,2011,46 (S2):124-135.

[131] 王缉慈.关于发展创新型产业集群的政策建议 [J].经济地理,2004 (4):433-436.

[132] 王剑峤.企业技术创新人才培养体系研究 [D].哈尔滨:哈尔滨理工大学,2013.

[133] 王康,李逸飞,李静,等.孵化器何以促进企业创新?:来自中关村海淀科技园的微观证据 [J].管理世界,2019,35 (11):102-118.

[134] 王立国,高越青.基于技术进步视角的产能过剩问题研究 [J].财经问题研究,2012 (2):26-32.

[135] 王立国.重复建设与产能过剩的双向交互机制研究 [J].企业经济,2010 (6):5-9.

[136] 王炼.美国企业基础研究投入情况分析 [J].全球科技经济瞭望,2018,33 (Z1):59-64.

[137] 王敏,伊藤亚圣,李卓然.科技创新政策层次、类型与企业创新:基于调查数据的实证分析[J].科学学与科学技术管理,2017,38(11):20-30.

[138] 王蓉,赵晴雨.我国自然科技资源共享机制政策法规保障体系框架研究[J].中国科技论坛,2006(5):105-109.

[139] 王铁山,冯宗宪.政府采购对产品自主创新的激励机制研究[J].科学学与科学技术管理,2008(8):126-130.

[140] 王婷,陈凯华,卢涛,等.重大科技基础设施综合效益评估体系构建研究:兼论在FAST评估中的应用[J].管理世界,2020,36(6):213-236,255.

[141] 王文成.创新型人才不足的应对思路[J].人民论坛,2019(20):72-73.

[142] 王文岩,孙福全,申强.产学研合作模式的分类、特征及选择[J].中国科技论坛,2008(5):37-40.

[143] 王小鲁,樊纲,刘鹏.中国经济增长方式转换和增长可持续性[J].经济研究,2009,44(1):4-16.

[144] 王雪原,王宏起.基于产学研联盟的科技创新资源优化配置方式[J].中国科技论坛,2007(11):3-7.

[145] 王贻芳,白云翔.发展国家重大科技基础设施 引领国际科技创新[J].管理世界,2020,36(5):172-188,17.

[146] 王永进,张国峰.开发区生产率优势的来源:集聚效应还是选择效应?[J].经济研究,2016,51(7):58-71.

[147] 王钺,刘秉镰.创新要素的流动为何如此重要?:基于全要素

生产率的视角 [J]. 中国软科学, 2017 (8): 91-101.

[148] 王振旭, 朱巍, 张柳, 等. 科技创新中心、综合性国家科学中心、科学城概念辨析及典型案例 [J]. 科技中国, 2019 (1): 48-52.

[149] 王智源. 关于合肥建设综合性国家科学中心的思考与建议 [J]. 中共合肥市委党校学报, 2016 (5): 25-27.

[150] 王子丹, 袁永, 胡海鹏, 等. 粤港澳大湾区国际科技创新中心四大核心体系建设研究 [J]. 科技管理研究, 2021, 41 (1): 70-76.

[151] 魏守华, 王缉慈, 赵雅沁. 产业集群: 新型区域经济发展理论 [J]. 经济经纬, 2002 (2): 18-21.

[152] 吴超鹏, 唐菂. 知识产权保护执法力度、技术创新与企业绩效: 来自中国上市公司的证据 [J]. 经济研究, 2016, 51 (11): 125-139.

[153] 吴妍妍. 科技金融服务体系构建与效率评价 [J]. 宏观经济研究, 2019 (4): 162-170.

[154] 吴义爽, 柏林. 中国省际营商环境改善推动地方产业结构升级了吗?: 基于政府效率和互联网发展视角 [J]. 经济问题探索, 2021 (4): 110-122.

[155] 吴翌琳, 谷彬. 科技金融服务体系的协同发展模式研究: 中关村科技金融改革发展的经验与启示 [J]. 中国科技论坛, 2013 (8): 134-141.

[156] 武靖州. 振兴东北应从优化营商环境做起 [J]. 经济纵横, 2017 (1): 31-35.

[157] 奚洁人. 科学发展观百科辞典 [M]. 上海: 上海辞书出版社, 2007.

[158] 夏后学, 谭清美, 白俊红. 营商环境、企业寻租与市场创新:

来自中国企业营商环境调查的经验证据［J］. 经济研究，2019，54（4）：84-98.

［159］夏杰长，刘诚. 行政审批改革、交易费用与中国经济增长［J］. 管理世界，2017（4）：47-59.

［160］谢茂松，牟坚. 文明史视野中的70年［J］. 开放时代，2019（5）：13-33，5.

［161］徐浩，祝志勇，李珂. 营商环境优化、同群偏向性与技术创新［J］. 经济评论，2019（6）：17-30.

［162］徐业坤，马光源. 地方官员变更与企业产能过剩［J］. 经济研究，2019，54（5）：129-145.

［163］许玲玲. 高新技术企业认定、政治关联与民营企业技术创新［J］. 管理评论，2017，29（9）：84-94.

［164］许志端，阮舟一龙. 营商环境、技术创新和企业绩效：基于我国省级层面的经验证据［J］. 厦门大学学报（哲学社会科学版），2019（5）：123-134.

［165］杨德祥. 国家科技管理信息系统及其创新服务体系构建研究［J］. 科学管理研究，2016，34（3）：5-8.

［166］杨国超，刘静，廉鹏，等. 减税激励、研发操纵与研发绩效［J］. 经济研究，2017，52（8）：110-124.

［167］杨国超，芮萌. 高新技术企业税收减免政策的激励效应与迎合效应［J］. 经济研究，2020，55（9）：174-191.

［168］杨继东，杨其静. 打造驱动产业转型升级的良好营商环境［J］. 国家治理，2018（44）：18-23.

[169] 杨继东,杨其静. 制度环境、投资结构与产业升级 [J]. 世界经济, 2020, 43 (11): 52-77.

[170] 杨其静,杨婧然. 晋升问题: 锦标赛理论的贡献与挑战 [J]. 经济社会体制比较, 2019 (2): 156-164.

[171] 杨其静,郑楠. 地方领导晋升竞争是标尺赛、锦标赛还是资格赛 [J]. 世界经济, 2013, 36 (12): 130-156.

[172] 杨其静. 企业成长: 政治关联还是能力建设? [J]. 经济研究, 2011, 46 (10): 54-66, 94.

[173] 杨其静. 市级官员晋升,光靠经济不行 [J]. 领导文萃, 2014 (17): 68-71.

[174] 杨其静. 特朗普当选对中国经济的挑战 [J]. 国际商务财会, 2016 (11): 8-14.

[175] 杨子江. 科技资源内涵与外延探讨 [J]. 科技管理研究, 2007 (2): 213-216.

[176] 易先忠,高凌云. 融入全球产品内分工为何不应脱离本土需求 [J]. 世界经济, 2018, 41 (6): 53-76.

[177] 易先忠,张亚斌,刘智勇. 自主创新、国外模仿与后发国知识产权保护 [J]. 世界经济, 2007 (3): 31-40.

[178] 易先忠,张亚斌. 技术差距、知识产权保护与后发国技术进步 [J]. 数量经济技术经济研究, 2006 (10): 111-121.

[179] 于畅,邓洲. 贸易环境变化背景下中国制造业参与全球价值链分工: 研究前沿综述 [J]. 中国流通经济, 2020, 34 (5): 40-47.

[180] 于文超,梁平汉. 不确定性、营商环境与民营企业经营活力

[J]. 中国工业经济, 2019 (11): 136-154.

[181] 余明桂, 范蕊, 钟慧洁. 中国产业政策与企业技术创新 [J]. 社会科学文摘, 2017 (2): 58-59.

[182] 余维新, 熊文明, 顾新. 关键核心技术领域产学研协同创新障碍及攻关机制 [J]. 技术与创新管理, 2021, 42 (2): 127-134.

[183] 余长林, 王瑞芳. 发展中国家的知识产权保护与技术创新: 只是线性关系吗? [J]. 当代经济科学, 2009, 31 (3): 92-100.

[184] 张国兴, 张绪涛, 程素杰, 等. 节能减排补贴政策下的企业与政府信号博弈模型 [J]. 中国管理科学, 2013, 21 (4): 129-136.

[185] 张辉. 产业集群竞争力的内在经济机理 [J]. 中国软科学, 2003 (1): 70-74.

[186] 张杰, 陈志远, 杨连星, 等. 中国创新补贴政策的绩效评估: 理论与证据 [J]. 经济研究, 2015, 50 (10): 4-17, 33.

[187] 张力. 孵化互动、专用性人力资本和在孵企业成功毕业 [J]. 南开管理评论, 2012, 15 (1): 93-101, 141.

[188] 张丽丽, 温亮明, 石蕾, 等. 国内外科学数据管理与开放共享的最新进展 [J]. 中国科学院院刊, 2018, 33 (8): 774-782.

[189] 张平, 张鹏鹏, 蔡国庆. 不同类型环境规制对企业技术创新影响比较研究 [J]. 中国人口·资源与环境, 2016, 26 (4): 8-13.

[190] 张树良, 马建华. 中国创新政策述评 [J]. 科学观察, 2009, 4 (1): 1-27.

[191] 张泰. 对转变经济发展方式的若干思考 [J]. 经济研究参考, 2008 (20): 2-6, 43.

[192] 张先恩，刘云，周程，等．基础研究内涵及投入统计的国际比较［J］．中国软科学，2017（5）：131-138．

[193] 张亚斌，易先忠，刘智勇．后发国家知识产权保护与技术赶超［J］．中国软科学，2006（7）：60-67．

[194] 章熙春，江海，章文，等．国内外新型研发机构的比较与研究［J］．科技管理研究，2017，37（19）：103-109．

[195] 赵璨，王竹泉，杨德明，等．企业迎合行为与政府补贴绩效研究：基于企业不同盈利状况的分析［J］．中国工业经济，2015（7）：130-145．

[196] 赵昌文，陈春发，唐英凯．科技金融［M］．北京：科学出版社，2009．

[197] 赵勇，白永秀．知识溢出：一个文献综述［J］．经济研究，2009，44（1）：144-156．

[198] 郑江淮，张玉昌．政府研发资助促进企业创新的有效性：激励效应异质性假说与检验［J］．经济理论与经济管理，2019（12）：17-34．

[199] 郑坤法．企业创新人才开发体系建设［J］．中国人才，2009（21）：59-62．

[200] 中国科学院综合计划局，基础科学局．我国大科学装置发展战略研究和政策建议［J］．中国科学基金，2004（3）：40-45．

[201] 钟书华．论科技举国体制［J］．科学学研究，2009，27（12）：1785-1792．

[202] 钟卫东，孙大海，施立华．创业自我效能感、外部环境支持与初创科技企业绩效的关系：基于孵化器在孵企业的实证研究［J］．南开管

理评论，2007（5）：68-74，88.

[203] 仲伟俊，梅姝娥，谢园园. 产学研合作技术创新模式分析 [J]. 中国软科学，2009（8）：174-181.

[204] 周黎安. 晋升博弈中政府官员的激励与合作：兼论我国地方保护主义和重复建设问题长期存在的原因 [J]. 经济研究，2004（6）：33-40.

[205] 周黎安. 中国地方官员的晋升锦标赛模式研究 [J]. 经济研究，2007（7）：36-50.

[206] 朱桂龙，彭有福. 产学研合作创新网络组织模式及其运作机制研究 [J]. 软科学，2003（4）：49-52.

[207] 朱巍，陈慧慧，田思媛，等. 人工智能：从科学梦到新蓝海：人工智能产业发展分析及对策 [J]. 科技进步与对策，2016，33（21）：66-70.

[208] 朱英明. 论产业集群的创新优势 [J]. 中国软科学，2003（7）：107-112.

[209] 卓玲，陈晶瑛. 创新型人才激励机制研究 [J]. 中国人力资源开发，2011（5）：99-102.

后　记

《新征程中的创新驱动发展战略》是中国人民大学"中国式现代化研究丛书"中的一本专著。创新驱动发展战略是建设现代化强国的必然选择。中国传统的经济增长方式在创造令世人瞩目的经济发展成就的同时，也显露出其内在局限性，难以高质量可持续发展。当前，我国正在由发展中大国向现代化强国迈进，而创新驱动发展战略是强化现代化经济体系的战略支撑。本书从重点技术领域的突破、强化国家战略科技力量、提升企业创新能力和优化创新的制度环境四个方面对创新驱动发展战略的实施路径进行了阐述。

笔者非常感谢中国人民大学的信任。本书的完成离不开中国人民大学研究生柴爽、方然、雷昊然、马文婷、唐跃桓、杨登宇在写作过程中付出的辛苦劳动。书中如有错误和不妥之处，敬请读者批评指正。